陈映芳 著

从田野到理论

社会学札记

BETWEEN FIELDWORK AND THEORY

NOTES ON SOCIOLOGY

上海人民出版社

目　录

第三部分　方法论的反思和探索

序　以身处的社会为研究对象

上世纪末，当知道我即将回国任教时，我的日本导师森田洋司先生曾对我说："中国现在是世界上最有意思的社会学田野呀！"而研究室里另一位教授矶部卓三先生在听了我的研究设想——那时脑子里有一个又一个的研究计划，我都记不清说了些什么了，则缓缓地讲："一个学者的一辈子，其实是做不了几项研究的。"

这两句话，连同当时的情景，这些年来时不时会出现在我脑中——转眼间已经二十多年过去。在今日中国，扮演一个社会学者，又以自己生活在其中的社会为研究对象，有多享受，有多无奈，可谓滋味自知。可真要试着道出点什么，又觉无从说起。不只是学术研究的得与失，就是要让我讲今天的中国社会正在发生些什么，恐怕也是说不清的，这也就是所谓"不识庐山真面目，只缘身在此山中"吧！

一、体味社会学的自由

为了激发年轻学子的专业热情，我常常会跟学生讲到社会学的"自由"。这首先是指研究领域的开放性——社会学者可以自由地选择自己的研究对象，只要你有兴趣，你可以以人类社会的任何制度或日常生活的各种现象为对象，就像社会学者引为经典的法国社会学家涂尔干的几部著作，一本如《自杀论》，另一本如《社会分工》，从题目看，似乎南辕北辙、风马牛不相干，但我们知道，涂尔干其实一直都在探索"社会是如何联结的"这么一个对现代社会至为重要的问题——社会学引导人们探寻各种社会现象背后的隐秘的关联，研究者试图建立的是有关人类生活的普遍的理解性理论。在这样的研究过程中，我们每个人的生活体验和内心疑惑，都可能被激活、引发而成为有意义的问题意识，当然也可能转化为研究者持续的探究动力。

在“开放性”之外，我所感受的社会学“自由”之魅力，还有它与人的感受性之间的天然关系。随着现代学科体系的规范性的建立，社会科学研究者正越来越远离于文学、艺术，对于生活的个人感悟差不多已被视为研究者的多余之物，而研究过程被想象为与感性无涉的概念、逻辑、数据、模型等等的组合实验。可是社会学的研究需要打破这样的束缚。这是因为，现代社会学已经将田野调查发展为最基本的研究方法之一，研究者为了获知事实、确认相应的知识，需要自己去社会现场，通过各种专业方法采集经验资料，而不再如传统的人文学者或其他社会科学研究者那样，将既有的资料记载、报纸记录等等视为理所当然的事实来接受。这样的要求对于社会学家而言，既意味着比其他人文、社会科学研究者更为辛苦的工作，同时却也意味着社会学家可能获得某种自由——摆脱对既有文本资料的依赖的自由。与此同时，在参与观察、深度访谈等田野调查中，研究者在接受调查方法的规范束缚的同时，还需要打开自身、运用自己的观察力、感悟力，去看、去听，在此基础上描述过程、建构事实。这样的研究，不仅是学科知识、专业技术的操作实践，同时也是研究者对自己作为“社会人”的综合动员。所谓“社会学的想象力”的发挥，实际上不仅是研究者专业思维的运用，更是人自身的生活感受性、社会洞察力的全面伸展。对于研究者而言，这样的过程不啻一种享受——人之心性（而不是通常所理解的意识形态）在“科学研究”中被要求到场，并得以施展，这可以被理解为一种自由。

这些年来，在教学、科研过程中，带领学生深入各种社会田野，曾是我一项比较艰辛的工作（尤其是早期带领本科生、硕士生所做的城市调研），也是我学术生活中最感充实的内容。这样的工作，有时是组织学生做大规模的问卷调查，有时则是带领研究团队驻扎调查点，从事社区调研，更多的时候则是走到城市的各种机构、各个角落，观察、采访。为了鼓励学生的研究热忱，也因为确实觉得学生的调查报告、学术论文有着无可替代的社会学价值，我曾先后将部分调查报告（《移民上海：52人的口述实录》《棚户区：记忆中的生活史》《双城记：京沪众生素描》《寻找住处：居住贫困和人的命运》）和硕士、博士研究生的专题论文（《征地与郊区农村的城市化：上海市的调查》《都市大开发：空间生产的政治社会学》等）编辑出版。除此以外，在课堂上，我还曾鼓励学生以自己的个人生活史、家族史等为对象或入口，尝试潜入现当代人的生活史、中国的社会史，了解在激剧的社会变迁过程中，个体行为与社会结构的关系，以及个人与社会、家庭与国家等关系的展开方式。在论文写作课上，我曾尝试让学生在个人内心与现实社会的交汇处寻找真正的“问题”，以此为出发点，向理论探路、寻找事实以及各种社会系统或社会要素之间的关联。在这样的实践性社会调查、学术研究活动中，学生不仅可能了解到既有的历史文献、社会读物中所没有的社会事实，更可能培养一种重要的能力——让自己成为自己的研究活动的真正主体的能力，用自己的眼睛去发现事实、用自己的脑子来确立问题意识。作为这种教学实践的成果，我曾为学生编辑出版过《我是这样考上大学的：70位大学生自述》，还有许多报告及论文则成了我与学生共同的纪念。

自由的心灵与严格的规范，有如不可缺一的双翼，是社会学者能够接近真问题的最基本的条件。但是，学术规范尤可通过规训和制度约束来实现，而心灵的自由对我们大部分人来讲，则可能是一种永远可望而不可即的境界。

二、严肃的社会学探索是艰难的

有一则寓言，是这么说的：哲人问，“你能看清天空中有多少星星吗？”答者说：“那太遥远了，眼睛无法看清。如果是近的，我就能看清。”哲人说：“好的，那请你告诉我，你有多少根睫毛？”这段对话所隐喻的，应该是适当的距离对于人们观察世界、获取知识之重要。

以现代社会、现实生活为探索对象的社会学，自始就承受着对其知识可能性的种种质疑。一个不无奇妙的知识现象是，人对现世社会的了解需要、对当下情景和未来命运的困惑，本是人探索世界的重要动力。从某种意义上讲，人们的知识、思想，本质上是从现世关怀出发的。可是，人们对社会的知识探索，却又往往集中于对过往历史或遥远世界的研究。对于这种现象，一种可能的解释或许是：有关我们身处的现实社会、我们体验的日常生活，其实更难获得客观的认知、普遍的解释，知识的探索难免迂回曲折。

不能不承认，有关社会和生活的普遍知识的成立，幻象是必需的，就如有的学者指出的那样：迄今为止我们了解的和已经了解的社会世界大部分是幻象。①此外，普遍知识的成立，在很大程度上有赖于作为认识主

① ［美］兰德尔·科林斯、迈克尔·马科夫斯基：《发现社会之旅：西方社会学思想述评》，李霞译，中华书局2006年版，前言。

体的"我们"的存在。就譬如今天的我们可以接受有关古代历史的普遍知识,而东方的我们有可能形成关于西方社会的某些共享的认知。但是,当面对身处其中的现实社会、面对日常生活,幻象的形成缺少必要的距离和空间,人们不同的观念、不同的生活体验还可能阻碍普遍知识或广泛理论的形成。

社会学的天然难题就在于:它不仅主要以现实社会为认知对象,而且相信,经由逻辑整理、经验检验,人可以认识社会现实,并以客观性来克服由人们的立场、观念或意识形态对事实的任意诠释。可以说,对客观性的探索是社会学的基本价值之一,但是,它也是社会学背负的沉重担子。

背负着客观性重负的社会学者,无可避免地会遇到种种压力。

首先,虽然人们多认可,任何事物都既是主观的,又是客观的,但是在大部分人文社会研究者那儿(尤其在缺乏实证主义传统的中国),对于社会现实的了解和判断,主要依据的还是日常体验和观念。许多人愿意接受这样的看法:无论是历史进程还是现实生活,所谓客观事实终究只是被任意打扮的小姑娘。所以,社会学的客观性原则,以及对经验事实作出检验、从经验事实出发等学术理念,在有些学者那里,不仅不可能获得方法论的认同,甚至其基本价值都难以被接受。在他们看来,获取社会基本事实这样的事只是政府统计部门或新闻记者的事,而在有些学者这里,没有客观的事实,唯有据以观念、意识形态的判断和诠释才是有价值的。也有不少学者将社会学视为国家统计局或新闻媒体的补充物,有些自认为在探讨人类社会深奥议题的学者甚至会居高临下地对社会学者说:"希望你们将社会的基本情况弄弄清楚、提供给我们。"在中国学术界,对客观事实本身的轻视、偏见,在一般的解释中,有时直接被嫁接到了西方社会学有关"价值中立"的议题上,这多少是个误解(对"价值中立"的质疑与对事实客观性的轻蔑本不是一回事)。但中国学术界这样的偏见传统对于今天社会学的存在,以及人文社会学科的研究,无论如何是有负面影响的。

有关"价值中立"议题的争论,在中外社会学术界内部,很多时候和道德主义、观念竞争等有关,它也可能表现为评价性研究与解释性研究之间的张力。这些张力、压力足以令严肃的社会学者纠结不已。研究者或许可以明智地排除道德优先对于客观性追求的损害,倾向于解释性研究的学者也不难避免对操作层面的对策设计的过度介入,但是,在面临不公平的制度设计缺陷或失常的社会、文化等事实时,在解释与评价之间,如何恰当地安置那些重要的、基本的价值?这实在让社会学者在"科学主义"

与“道德主义”两面都难以讨好。

除上述诸问题之外，对于认同社会学基本原则、自觉追求事实客观性、理论普遍性的学者来说，他们还需要承受内在于社会学的一些规范束缚和思想压力——社会学的自由，是以自律性、自反性为条件的。首先，所谓社会现实的客观性，并不只是指它们外在于认知者观念意识的特性或它们形态的可测量性等，而且是指，研究者对事实的主观认定，只是一种假设，与其他各种假设一样，它们必须接受经验的检验；社会学者对自己的主观判断的检验，不可以证实为目的，在方法上它必须确保其证伪的可能性。其次，在描述事件、确认事实的基础上，社会学者以提出广泛的解释性理论为首要目标，但是，社会学者必须不断地确认事实的新变化，并持续地将研究自身及其方法、理论置于被检验的位置，从而不断修正其理论。

常常有研究生问我，社会学研究到底应该是从理论假设开始，还是从事实调查开始？说实话，我讲不清楚。一个学者如果在某个社会生活久了，并以这个社会为对象持续研究多年，那么，相应的生活体验、社会知识以及相关的理论及观念等，它们早已经成为你的一部分，是你观察生活、解释现实的混然的依据。这与研究遥远的历史或研究别国他乡的“他者”社会是不一样的。可以讲的是，就我个人而言，每当深入一个具体的新领域、接近一个新问题，那么，对事实的没完没了的挖掘、再确认，对概念及理论路径的反反复复的尝试和调整，几乎都是无法避免的过程。其间会有对自己经验和意识的动员，但更不乏对个人体验的否定、同自身既有观念的对话——这样的过程不无艰难，甚至可说是孤寂的。当然，如果说社会学研究真能为自身带来什么精神享受的话，可能也就是在这样的过程之中吧！

三、谈“社会问题”是奢侈的

新世纪以来，社会的各种问题迅速成为中国人关注的重点，社会学者于是显得重要起来——做调查做研究，政府要让社会学者为党政引领的社会建设、社会管理出点子，媒体也会时不时找社会学者为各种社会现象作评论。

分析社会问题似乎是社会学者的拿手本事。不过，什么是“社会问题”(social problem)？我们可以说，任何现实都有社会性，所以凡是违背人们基本价值的或给人们的生活带来严重危害的现象，我们都可以从中找到社会性因素(社会结构、社会关系、社会文化、社会行为等的作用)，并将其定义为社会问题。社会学者确实是可以做这样的工作的。但社会性因素并不是社会所有问题的根源，尤其在权力、资本的逻辑非常强大的社会，“社会问题”的路径并不能替代解决政治、经济等问题的其他路径。

与此同时，社会问题的讨论，需要相关群体与全社会的动员和参与，经由各种社会主体间的互动，最终实现制度的改变、政策的落实。也就是说，“社会问题”其实是以社会活动、社会过程的形式呈现的，它不只是被关注的事实或被宣称有问题的状况。而讨论“社会问题”，也应该是为了社会，且以社会为主体的。这其实不无奢侈，严格说来，只有当“让社会的归社会”成为可能、权力及资本受到社会力量制衡的情况下，有关“社会问题”的(建构、解决)机制才会真正运行起来。

不然的话，在学院体制与现实社会之间，社会学者可以做什么？放眼望去，有些人是能做什么做什么，轻松忙碌地为做项目、做评论而奔波；有些人是知其不可为而为之，以社会为目的，投身到行动中去；还有的，则避入学术塔中，观察现实、解释社会，以学科理论的创新为意图。这当然只是种简单的类型区分，现实中，社会学者大多会在这三种选择中徘徊调整，亦此亦彼——这多少也是笔者的夫子自道了。毕竟，以自己身处其中的社会为考察对象，研究者自身即是这个社会的一部分，我们无法自外于对象的逻辑。也所以，反观自我、检视自身，于我不仅是社会学思考的需要，也是理解社会的方式之一。

第一部分　与学生一起走向田野

教室即社会现场

——行为者自述的课堂实践

培养人的“社会学的想象力”，可以从自我认知开始。

2001 年，我曾主编出版了一本有关“考大学”行为的大学生自述实录。其间阴差阳错，出版社给定了个有点像高考辅导材料类的书名——《我是这样考上大学的：70 位大学生自述》①。其实它可以被归为青少年社会学的一种实践型研究，是我与学生一起尝试以学业竞争行为为例，探讨中国社会中青少年社会化的一种重要机制。在当时我有一个明确的意

① 陈映芳编：《我是这样考上大学的：70 位大学生自述》，学林出版社 2001 年版。

图，是以这种方式，让学生将生活历程对象化、客体化，同时启发他们将个人行为及命运（以“考大学”行为及其结果为例），放入家庭、学校以及更大的社会结构、时代背景中，加以理解和分析。这样一种反顾自身，并将个体行为、心理感受与社会制度及其时代变迁相粘连的方法，其实就是一种社会学的想象力。是每个人都应该学习，也可以具备的认知能力。

一、关于“考大学行为”回忆的教学实践

参与本次课堂实践的学生，是我承担的华东师范大学有关中国社会变迁的相关社会学课程的两个教学班。其中一个班级是法政学院的学生，另一个班级是学校通识课的学生，学生来自全校各院系。其时我的主要研究领域还是青年社会学，而学生在讨论社会议题时，也往往聚焦与他们熟悉的校园生活，以及大学生的种种困惑。这样的情形促使我考虑如何将他们共同关心的问题，设计为学期作业的一个主题。

从1977年恢复高考以来，作为现代社会选拔人才的一种有效机制，高考制度确实发挥了巨大的作用。但随着社会的发展，高考制度因其所形成的应试教育模式及其对学生个性和创造力的阻滞而受到越来越多的质疑，高考制度的利弊以及存在于中国父母中的日益强烈的希冀等正在被媒体和一些作家、研究者问题化，从而引起了热烈的讨论。但这些讨论并不能停止每年“七月”（现已改为六月）的如期来临，一批又一批的学生奋斗在高考的考场，满怀希望的父母们一年又一年在高考的教室外逡巡徘徊。作为考大学这一社会行为的主体，学生对于高考的具体感受如何？考大学对他们到底意味着什么？我们的媒体上鲜能听到他们的声音，而他们的声音本应该是众声喧哗中的主调，不是么？

基于此，我在我的学生之中搞了这项调查活动。除了为课堂上参与这一活动的年轻人提供一个自我回顾、自我认识的机会外，也期望让社会听到大学生自己的声音，并为包括我在内的研究者提供一些第一手的感性材料。

我想了解的是：(1)他们是如何将社会的期待内化为自己的志向、动机的，换句话说，他们对于父母、教师等的意愿的顺应机制到底是些什么？(2)他们是怎样经历这一切的？他们是如何在年复一年、日复一日的应试生活中过关斩将地走过来的？(3)对于这一切，他们又是如何去赋予其意

义的？等等。

需要说明的是，参加这次调查的都是在校大学生——也即已过关斩将，得以跨入大学校门的成功者。曾准备考大学，但因种种原因中途结束了大学梦的人，还有高考落榜者，未能包括在内。这是本次调查的局限性，但它同时也可以让我们比较集中、深入地了解：对于一般人眼中的“高考成功者”来说，“考大学”到底意味着什么？

二、学生作业的阅读笔记

首先我们都会注意到，不少学生对于“为什么要考大学”这一问题本身表示了诧异。他们说：从来没有考虑过这个“为什么”——考大学，这需要理由吗？对于大多数学生来说，考大学是一个毋庸置疑的目标，是无需的抉择。至于“意义”，这在一些学生那里表现为较为轻松自如的肯定，在另一些学生那里则表现为深深的无可选择感：考大学为了什么？这是个问题。

几乎所有的学生都直接或间接地谈到了父母的期待。在他们的意识中，父母的“晓之以理，动之以情”的志向灌输、“无微不至的关怀和苦口婆心的规劝”，是促使他们立下高考大愿的最直接的原因，也是他们走向高考的动力源泉。父母的心愿内化为孩子的使命感。这种复杂的心绪是我们不难从他们的叙述中读到的。

父母之愿难违。首先孩子们并没有理由去怀疑、否定父母的动机，在学历社会初步形成的今天，大学文凭与职业前途之间的关系是明摆着的。此乃铁则般的“理”。除此之外还有深重的“情”。我们可以看到，在孩子的记忆中，父母大多不是用权威命令去逼迫他们读书，而是以无尽的付出——情感的、物质的——去感动、去驱动他们的孩子。父母的意愿、艰辛，使孩子普遍产生报恩心理。显然，孩子很难抵制寄附于亲情之中的期待。

与此同时，不能不提到的是，中小学的培养“高考生”的机制。虽然不少学生善意地提到了“老师的期望”，但我们不难看出中小学教育的筛选功能：孩子在小学、初中的学习阶段，逐渐被区分为有希望上大学的和没有希望上大学的这么两种。前者由教师的暗示或明告来调整、确定对孩子的期望。在这里一些学生谈到了“中考”的记忆，谈到了被筛选的经历。

他们中有的一直是老师眼中的大学生苗子,“一帆风顺”地进入重点高中然后来到重点大学;有的却是因为中考高分而被硬性划入到高中,因而不得不考大学的;还有个别学生是曾经被老师宣判了大学梦的终结而硬着头皮进入高中的。学生的经验告诉我们:考大学对于他们来说,其实是十二年中小学教学的一种必然的归宿。

此外,针对如今高考制度受到一些舆论质疑、否定的情况,一些来自农村地区、边缘山区学生的叙述发人深思。他们提到了地区间经济、文化发展的落差,提到了离土和改变农民身份的愿望。在城乡差别存在的中国社会,农民在获取社会报酬的机会面前受到种种事实上不平等的待遇,这构成他们考大学的最真实的理由:读书然后考大学是农村孩子可以一举改变“农民”身份的几乎唯一可行的途径。虽然他们对当今教育机会的不平等有着切身的体验,但恰恰是这些学生,对如今以“公平竞争”为规则的高考制度给出了毫不犹豫的肯定。

“为什么要考大学?”有的学生谈到了“合力”:“从学校到家庭,整个社会都在告诉我们:你想成功,想实现理想,就必须考大学”。无可辩驳,不容选择。

阅读这些自述文字,我们很容易想到学生缺乏主体性的问题。事实上他们也多意识到了这个问题:一方面他们很少独立地思考过自己要不要考大学、为什么考大学这一类问题,另一方面有关自己的兴趣、志向,诸如自己到底想学什么、今后想成为什么等等。但这很少影响到他们的高考志愿。为父母考大学,为前途考大学,为考大学而读书,对于这些学生来说,“考大学”不是一个选择项,它本身即是目标。

关于“考大学”的经历与体验,在每位学生那里是不尽相同的。然而他们之间的相同之处更为引人注目,让我们在阅读时一次次地反复面对,不能不留下深深的印象。

对于进入高中的学生来说,高考的压力是注定的:我国的高中教育是以考大学为目标的,而概率又规定了只能有一部分学生能升入大学。“落榜”如利剑高悬在上,如果考不上,学生除了经受一次“失败”的打击外,在就业方面也将处于极为不利的地位。

这样一些前提带给考生和家长的压力影响,或许可以用“高考家庭焦虑综合征”来概括。学生说,“压力、劳累伴随我们”,而父母比他们的孩子更紧张,孩子的轻松或忧郁都可能令父母不安,孩子忽上忽下的成绩,或阴晴变换的情绪会让他们不知所措。他们万般小心地侍候着孩子,唯恐有丁点闪失。很多人都提到了各种各样的营养品、丰盛美味的饭菜，几乎所有的父母都倾其所有、尽其所能。

不少学生讲到了文理科的选择，讲到了填志愿，这些也都构成了这一场艰难的选择过程的一部分。考生和他们的父母只能凭着感觉去摸索接近目标的途径，每一步都如履薄冰。“考大学”已经成为中国社会中最具重要性的家庭行为之一。在这一过程中人们所经历的压力与焦虑，一方面源自竞争之严峻，另一方面也来自人们对成功结果的强烈愿望。

与高考家庭的焦虑同样给人予以深刻印象的是中学的应试教学。升学率本身成了学校教育压倒一切的目标，教师殚精竭虑地辅导、督促，学生则在一种接近极限的状态中接受题海战术的训练。

在这里，从学生的叙述中我们可以了解到：学校的以应试训练为中心的教学模式，其实是与学生（及其父母）的应试需求互为因果的。无论是重点高中的设置、优秀指导教师的配备，还是题海战术、疲劳战术，其合理性和实际效果事实上都得到了考生及其父母的认可，甚至是为学生及其父母所期望的。

作为问题设想，我曾认为，在顺应着父母的期待、拼全力完成了“考大学”的大目标后，如今回望过去、重新体味自己的“考大学”经验，被调查者可能会对自己与父母高度一体化的倾向持审视的态度，也可能因了如今对自己的兴趣、志向的独自思考，而产生新的选择意向，包括对“考大学”本身的否定。

事实证明了这些预想的偏颇。除了极少几位学生表示，可能的话会选择其他道路，绝大多数学生的回答都干脆明了：如果再次选择，还是会选择“考大学”。如果将学生的理由作一个大致的归纳，可以列出以下几点：

首先，考大学是当今中国年轻人获取好的职业地位并得到社会承认的最佳途径。而且由于这是一条有竞争规则可循的途径，所以被认为“是一般家庭出身的人的最佳的出路”。

其次，在现行教育体制下，中小学的选拔功能被强化，“考大学”其实是一个漫长的筛选、分流过程的结果。对这些被认定是“读得上去”的学生而言，上高中然后考大学被认为是理所当然的。

再次，虽然有些学生坦陈“考大学”其实只是为了满足父母的期望，但他们认为即使再次选择，自己依然会去那么做。除了相信父母是为子女好，还因为顺从父母、当个好孩子这本身并非简单的选择行为，而是从小教育的结果。

最后，我注意到，一些学生提到了上大学与满足求知欲的关系。上学与吸收知识的关系本来是不言而喻的，但是对于十年寒窗只为考大学而来的学生来说，在中小学常年的应试学习中，很少能有机会自由地去学习自己想学习的知识。为求知而学习，这似乎成了“象牙塔”里的大学生才可能享受的特权。

一方面，尽管不少同学对于“考大学对自己到底意味着什么”这个问题没有思考得很清楚，但他们对于自己的行为几乎异口同声地表示了“无悔”。他们的回答反映了这么一个基本的事实：学生高度认同父母的期待以及社会的支配价值。

但另一方面，读者也会看到：学生在对一些扶持他们走过考大学历程的人如父母、老师等表示感谢的同时，对于现行的教育制度、高考制度，对于父母、教师及整个社会加给他们的压力表示了种种不满，进而发出了这样的呼喊：“把千千万万的学子从‘应试教育’里解放出来！”

或许有的学生从头到尾也没讲清楚“考大学”对他们到底意味着什么，而且他们多少还对自己的经历、成就表示了骄傲、自豪。然而在这儿，我们不难看到，考大学的压力，以及主体意志的被忽视等，都已构成学生“考大学”经验难以释然的一部分。他们不愿意否认自己行为的正当性，但显然也无法肯定现行教育体制的合理性。

作为一个个有着生命热情的“人”、向往着拥有自由、独立意志的年轻人，他们对于自己所付出的心血以及这些心血对于自身现状的影响，有着他们自己的认知。

走出课堂、走向城市田野

——关于《移民上海:52 人的口述实录》①

《移民上海》是华东师范大学社会学系 2000 级学生于 2001 年 9 月至 2002 年 1 月间对上海新移民群体所作的个案深度访谈的报告集。

一、关于这次调查

“到上海去,到上海去!”今天,“上海”已成了一个引人注目的好去处,

---

① 陈映芳编:《移民上海:52 人的口述实录》,学林出版社 2003 年版。

“去上海赚钱”“去上海生活”成了时髦的话题。而上海、上海人也在试着习惯从四面八方蜂拥而来的“外来人口”“新移民”们。

的确,“上海”的迅速变化,可以被视作为一种奇迹。然而对于身处其中的社会学研究者来说,城市发展的这样的“奇迹”却是一种挑战,说实话它带给我的更多的是一种无奈,是难于言表的遗憾:我们的学术界,由于研究力量、研究条件,特别是学术准备的不足,或干脆是由于种种学术理念、研究志向的问题,对这样生动的社会生活、这样急剧的社会变动,是那么地缺少回应。也许正是出于这种无奈感,在教学中,我尝试着鼓励学生尽可能进入社会深处,去探索那些自己及一般社会成员真正关心的事,学会自己去寻找、探索真正的问题。这正是我组织学生从事深度访谈的初衷。

之所以尝试着把新移民作为让学生了解上海社会的一个切入点,一方面,大量外来人员进入上海,这本身是上海这个城市社会变迁的最深刻的内容之一。另一方面,对于非上海籍的学生来说,追踪新移民的生活史,正好可以让他们有一个接近上海的特殊角度。而对于那些生于斯长于斯的上海籍学生来说,对新移民的了解,客观上可以帮助他们将自己熟悉的城市对象化。

“上海新移民”,在我们的生活中,以及在许多媒体报道和文学作品中,早已不是个新鲜的话题。但它一直还没有正式进入我们的社会科学的话语系统。在大量的“研究课题”及其调查报告、学术论文中,这个社会群体多被划入“外来流动人口”“民工”“外来务工人员”或“外来投资者”“外来人才”之类,有关他们的问题被设置在“人力资源开发”“城市化”及“城市发展规划”等叙事框架中。在一些政府部门挂着的相关机构的牌子上,他们甚至被简略地称为“外口”(“外来人口”的简称)。相对于这些,在这里,我所以采用“新移民”概念,理由很简单:社会学还需要关注人,人的状况、行为等等。这些人从别的地方移居到上海,在这个城市中工作、生活,且多有在上海长期居住的意向,采用“新移民”概念只是对一种既存事实的认定,“移民”在这儿是个社会性的概念而非法律上的身份标志。至于在上海多长时间才可算“新移民”,虽然有的调查机构(如盖洛普公司)认定在一个地方居住半年以上即可算移民,但出于对新移民生活史的调查需要,我希望学生能找到那些移居上海时间稍长的人去了解。不过后来并没有对时间作明确的规定,事实上有个别学生的采访对象只有几个月的移居史。

在这次调查过程中，结合“城市社会学”课程的讲授，我跟学生讲了我们的主要意图以及如何接近问题的途径：了解原生态的社会生活，勾勒出新移民们的包括生活目标、生活手段在内的生活结构，他们的社会状况、社会参与，以及他们在上海的文化体验，包括文化冲击、文化摩擦、对上海的文化认同等等。为了帮助学生了解“移民”与上海城市发展的历史渊源，拓展学生的社会学想象力，我还曾请上海社会科学院历史所的熊月之先生来为大家作了“上海人的过去、现在与未来”的专题讲座。

了解社会生活，不用说是社会学实证性研究的一个基本途径，甚至是一个目标。不少人以为社会调查就是发发问卷，然后统计，用数字说明问题。这是误解。社会研究方法是多种多样的，而作为其中的调查方法，较之于问卷调查，参与观察、深度访谈对调查者的技术要求、客观性要求更高。在这次对新移民的个案访问调查中，我要求每个学生用一个学期的时间去了解一个人。在作必要的文献、背景知识准备和调查提纲准备的同时，根据各人的探究兴趣和操作可行性确定调查对象，然后尽可能地去接近、了解调查对象，多次采访、深入交谈。

不过，在实际操作中，调查者会遇到许多可以预想的和无法预想的问题。作为个案访谈，调查者或者根据事前设定的采访提纲或者采取自由会话的方式，都是以调查者与被调查者的互动为基本方式。使用这种方式，调查者有可能尽量多地挖掘到他所需要的信息，但也容易出现信息的错误。为此，需要作一些辅助性的工作，如多次提问（对同一问题）、对相关人员的调查、与既有其他资料的对照、参与观察、其他相关纪实资料的收集等。在这次调查中，学生对调查对象的了解总的还缺乏相关具体资料的支撑，也缺少相关人员的互证。好在学生对这种方法的局限有一定的意识，在这次学生交上来的调查心得中，大家谈到了一些收获，也谈到了一些困惑。其中就有关于社会调查所能了解到的社会生活的“真实性”的问题，也有调查者立场的“中立”“客观”的问题，以及方法的“科学性”问题。

在我看来，这些问题，有的是初学过程中难免会遇到的问题，也有的则是社会科学研究本身的带有根本性的问题，是需要研究者持有自觉并不断去思考、探索的问题。而对这些问题的某种程度的了解和思考，正是学生这项实验性调查的收获之一。

当然，这样一种类型的深度访谈在社会学的实证研究程序中只能算是一个环节。对于学生来说，这一次的调查也只是一项作业，他们的报告也可以说只是调查研究成果的一项“半成品”。如果真正要了解一个社会群体以及他们的社会生活，需要有更全面的调查、更规范的确立问题和接近问题的途径。不过我知道，在这次调查之后，有些学生已经开始自发地展开新的调查研究。无论如何，我相信这一次调查实践活动会是他们专业学习和个人生活体验中一项有益的积累。而他们记录下的这些访谈报告，也会给一般社会成员提供一个了解当今中国城市中“外来人员”“新移民”的生活状况的不错的文本。

二、新移民与上海

在这几十篇访谈记录中，学生为新移民勾勒出了些什么，相信每位读者会有自己的理解。在这里我想谈谈自己读了几十篇访谈后的几点感想。

(一) 城市性与新移民

无论新移民来自农村还是其他城镇，他们来到上海，就是进入了一个城市，一个在中国规模最大、发展程度最引人注目的经济大城市，他们首先有一个如何进入并适应这个城市的问题。很久以来，“上海”在中国成了一个特殊的符号，关于它的特殊性所引起的议论本身，几乎就成了一个文化现象。但无论是对它的贬损还是褒扬，人们更多地罗列的却是它不同于一般中国社会的特殊性，而不是作为一个近代的、现代的城市所具有的一般的基本特性——城市性。

城市性(urbanism)，在这里主要指城市生活对居民行为的影响，也就是城市人的各种特性。美国芝加哥学派的代表人物之一路易斯·沃思(Louis Wirth，1897—1952)在他的《作为生活方式的城市性》中曾认为城市性主要是由城市中人口量大、密度高、社会异质性所派生出来的东西。这种特性在人类生态学意义上可能表现为社会—经济—文化属性不同的人之间在空间上的隔离，以及人们在不同的社会位置间的频繁流动。在社会组织意义上可能表现为家庭的社会意义的减少、亲族及近邻的结合的弱化、自发性团体的续出、身份性阶级制度的崩溃，以及白领的增加等等。而在社会心理学意义上则可能表现为冷漠的态度、分裂的性格、主体性的丧失、相对的思维模式及宽容的态度，等等。

虽然沃思等人关于城市性的说法曾遭到一些学者的质疑,但城市的两面性,即它的魅力和负面性,却是近代以来一个世界共通的话题。美国哈佛大学从事都市设计与研究的马丁·迈耶森(Martin Mayerson)教授在《如何观察一个都市》一文中说:“自有史以来,不同的观察家会从不同的角度来观察都市——有的视之为权威的地方,有的则视之为一个市场;有的视之为邪恶的地方,有的则视之为人类文化真正的基础;有的视之为价值和安定的瓦解者,有的则视之为人类精神和其他价值永存不朽的地方;有的视之为混乱的地方,有的则视之为有活力的地方;在当今世界工业国家里,有的人视都市为趋于没落的地方——交通的阻塞、财政的缺乏、人口及经济流向市郊;而别的人,包括我自己,则视之为永远具有吸引力的地方。”①

城市本来是作为流动的人共同生活的场所而成立的。在相互间互不相知的人们、互不相干地一起生活的城市里,陌生和冷漠是一种宿命。摆脱了传统共同体的“束缚”的人来到这里会找到他想要的“自由”,但同时他远离了“熟悉的社会”,他必须适应这个“陌生的社会”。在城市中他可以获得独处的机会,但他必须承受孤独与冷漠。城市里有现代文明创造的一切便利,但几乎所有的设施和服务都通过金钱或机构与人们发生关系,经济关系和正式规则会使人们变得理性,也变得缺少人情。在城市里,有生存的机会,有自律、理性,但也有生存的压力,而且人必须学会独立、自助,一个人完全可能在这里梦想成真,却也可能走投无路……

理解了这些,我们就有了理解新移民的上海体验的一个基本角度。

在这里我想说的是,“上海”的事,其实首先是一个关于现代城市的问题,也就是说,所谓上海的区别于中国其他地方的特性——不妨说是“上海性”吧——首先基于的是它的城市性。如果说在中国,上述那些城市特性在什么地方有突出的体现,那首先就是在上海。在历史上,上海是中国近代城市的一个代表,在今天,它又是城市现代化的一个典型。无论上海被各种人描述成什么,上海的魅力、上海的负面性,“上海性”首先源于它的城市性——或者说它就是现代性。对大多数中国人来说,移民上海是一个进入城市社会、成为城市人的过程,这是一个不断挑战的、自我改变的过程,也因此会是一个充满艰辛和痛苦的过程。对未来目标的憧憬和对自身状况的无奈等等,复杂地交织在人们的移民体验中。

---

① 彭兴业:《首都:城市功能研究》,北京大学出版社 2000 年版,第 8 页。

在各种人的上海体验中，我们可以看到，新移民原居住地的城市发展程度、他对城市生活的熟悉程度与他们今天的移民体验有着直接的关联，许多人，包括一些外国人及大陆以外的中国人，他们所以选择上海是因为它所具有的作为现代城市的特性，这里的自由和便利，用他们的话说，这里几乎有他们想要的一切。他们想在这里结交各种不同的人、寻找新的体验……他们所不适应的，恰恰是那些与他们理想中的现代城市尚有距离的地方。与此相对照，来自内地的许多新移民，较多地为着上海的生存机会而来，但他们或多或少地为心中的乡愁所累。当然，他们中的一些人也努力地在上海寻找、发现“温暖的人情”，他们在试图理解城市人相互之间的若即若离、重新评价上海人的理性。

还可以看到，新移民的年龄与职历、学历与他们的移民体验、生活现状有着显著的关系。上海在吸收和排斥外来人员的过程中，其作为现代城市的社会结构正起着越来越明显的作用。与血缘、业缘、地缘等相关的家族网络、社会网络历来在中国的社会流动中起着至关重要的作用，今天在许多情况下它们也依然具有种种功能（事实上这些网络构成了许多人实现流动的重要渠道，也是新移民组织生活和沟通情绪的主要支持）。但这次的新移民深度调查让我明显地意识到，在上海，个人条件在新移民的社会流动、社会分层中具有的意义正变得越来越重要，也越来越被人们所意识、所认同。当然，关于这一点，具体的情况还需要有进一步的调查来证实。

（二）制度限制与新移民

城市性并不是决定新移民社会状况的唯一因素。无论在哪个国家、哪个社会，社会的、文化的种种因素都可能导致新移民社会状况的不同。而在目前中国，个体身份制度的限制首先构成影响人们寻找社会位置、实现社会流动的一大因素。今天的新移民已经不再如 20 世纪 80 年代那样被视作非法的“盲流”了，但作为“外来人才”“外来人口”或“外来务工人员”，他们与拥有本地户籍的居民是不同的。由于从户籍制度、社会保障制度到就业、孩子上学等的种种制度性限制，新移民中那些作为专业技术人才进入企事业团体的人必须付出比本地同行更大的努力才能获得相同的机会，而那些从事简单体力劳动和从事杂业的人（在工商企业、团体以外自行谋生的人），生活在城市的边缘角落，很少有改变自身状况的机会。

然而在这些受访者的叙述中，关于制度不公，许多人并没有明确的意识或强烈的不满。那些在我们看来生存艰辛的保姆、民工，大多对今天政府允许他们来城市谋生的政策心存感激，他们主要以过去的生活和仍在乡村、内地城镇的人们的状况为参照。可以说，他们这样的观念意识其实正构成了制度、政策的合法性基础。

制度的限制还突出地体现在户口开放的门槛上。按照现在的政策法规，一定的学历和经济能力（投资）是获得上海户口的必要条件，这样的移民政策并不是中国或上海才有的。但国内地方间的社会流动不同于国际间的移民，这儿没有国门、海关的阻隔，更不用说城市的建设发展以及经济秩序、社会生活秩序的维持事实上已离不开大量的低学历、低收入者。在现有制度框架下，难免会存在这样的尴尬：这儿有数以百万计的从外地迁移而来的“非移民”、工作并生活在上海的“非上海人”已经成为城市社会一部分的“非市民”。无论是从社会公正的角度去考虑，还是从维护社会整体结构功能的角度去考虑，这都是个亟待对应的问题。

在田野，我们能够观察到什么？

——城市新移民调查反思

《移民上海》是一本由学生撰写的调查访谈录，内容主要包括受访者（上海新移民）关于来沪经历和生活现状的口述实录，以及学生自己的采访手记。

让学生走出学校去从事社会调查实践，这算得上是社会学专业的一项基本训练。但在我这里，还因为一个多少有点执拗的想法：在今天的城市，要想了解社会事实，唯有走出去一途。不仅因为这是个急剧变动的社会，研究者个人的日常经验随时可能失去其有效性。而且还因为城市社会有着区别于乡村社会的、结构复杂的一面——它是由异质的人群组成的“陌生的”社会，在有机联结的大框架中存在着错综复杂的多重结构。在这样的社会中，研究者如果满足于个人既有的经验资源或浮光掠影的面上考察，那他可能连始初的问题想象、问题假设的需要都难以对应，更枉论紧扣脉络的实证研究的展开了。

由于这次调查只是作为一项作业布置下去的，因此在调查对象的选择上起初并没有作概率意义上的安排——绝大部分调查对象是由学生自己去设法找到的，有的是他们的同乡、亲戚，有的是托人介绍认识的，也有的是他们在各种场合留心结识的。

可是后来和一家杂志讨论做个专题，结果编辑就提出了问题：这些受访者中，较多的是民工、保姆及年轻职员，相应地缺少了“高级白领或移师上海做生意的老板级的人物”。出于对编辑部希望全面反映上海新移民群体概貌的意图的理解，后来我组织几位学生作了些补充采访，有针对性地找了些经理、台湾人、日本人等，有的算是完成了任务，也有的设想中途告吹。这期间，与杂志编辑邮件往来，我曾不无感慨地发过这样的议论：

> 我们本来也希望能找几位高级白领或老板级人物，但作为个案调查一时有点困难。开始是学生自己很少有这种机会，最近帮学生

找，但这类人可能对宣传个人“成功”还有兴趣，听到“社会学调查”就不易配合。因为我们要真实的事实。有“成就”的人要他说真心话本身就难，将其真实状态公之于众就更难。另外这些人实在太忙，我们做一个一般都要几次长谈，有时第一次做了，第二次要耐心等很长时间对方才能配合第二次。这种现象是我们社会调查中的一般规律，所以社会学家做农村调查的多，做弱势群体的多，做城市调查、强势群体的就少，看似因为价值关怀，其实是关怀弱势容易，挑战强势难。社会调查，尤其是参与观察、个案调查之类需要互动，不然就没有意思。

我想这次留下一些缺憾也不妨，因为这种状况也是一种社会事实。许多读者可能没有意识到，社会的观察者与被观察者之间，有一种什么样的关系，人们能看到的社会事实是被限制的。我想或者就为此加上一段文字说明（如果篇幅允许），谈谈这个问题。即社会调查中的力量关系，观察的角度、记述的方式所具有的界限，社会事实的可视性与不可视性等问题。中央电视台的“东方之子”和“讲述老百姓自己的故事”，就是用两种不同的镜头和记述方式在观察、展示不同的两种人。

自从有了社会学，很多人便愿意相信，凭着近似于自然科学的测量手段、客观中立的价值立场，还有一套套理论和分析模型，我们便可能了解任何社会事实，并对问题作出应有的解释。但是，实际的情形是，当研究者以今天的城市社会为研究对象时，那么仅仅在接近、了解社会事实这个层面（方法的层面），他就可能会感到种种无奈与无力——除非他是为了要打造自身的或学科的权威性而刻意掩饰这种感觉，或者就是真的浑然不觉。

搁下现代城市社会的结构复杂性，人口的异质性，市民职业、文化、生活方式等等的多样性不谈，首先一个问题是研究者能够接近什么样的人、群体、阶层？作为观察者，研究者自身与被观察者之间的地位、力量关系对他的研究难免会有影响。这种影响就像许多摄影作品（也是观察、记录的结果）中所显露出来的那样：我们所看到的纪实的、纪录的影像作品其实大多是以妇女、儿童、老人、乡村社会、基层社会为对象的。以这些人为拍摄对象，拍摄者（多为成年的城市男性）往往会将镜头逼近到他们跟前，拍下拍摄者想看到的，或者想让他的作品受众看到的情景。而在另一些拍摄对象——譬如男人、成年人、城里人等等——那里，摄影家即使获得拍摄的机会，也往往只能拍摄到被摄者想展示给人的情景。

这样一种情形如今在社会学调查中几乎已成了一种具有普遍性的经验常识。对农民的调查，我们的访问员可以轻而易举地得到受访者的配合，对市民的调查，我们的访问员则往往要受到对方的质询，必须出示证件并谨慎地作出相关的说明、承诺。城市调查的拒访率明显地高出农村。而在城市内部，阶层间的差异也显而易见。上海有几位社会学者曾长期从事社会分层调查，但无论他们作出何种努力，最后他们还是没有能进入某些高档住宅小区作他们想做的实证调查。

问题是，这种多少出于研究者的无奈的状况，在现实中却常常被转换成（或被误读成）研究者的价值追求本身——“弱势”广受文人学者的青睐（在这种情况下“弱势”会有被对象化、圣神化的倾向），怜悯性关注被当成了表现公正追求的便捷途径。

可是如果我们对现代城市社会的整体有机性有基本的认知，那么这样的对“弱势”的怜悯性关注就不可能满足我们的探索愿望，无论是价值关怀层面的还是问题探讨层面的。离开了对城市社会的结构性把握、离开了对“强势”的形成机制的了解，研究者恐怕连“弱势”从何而来、因何而弱等最基本的事实都无法讲清。即使是就“弱势”讲“弱势”，研究者如果对自身的问题指向及其边界所限缺少相应的意识，那么，所谓的价值关怀也可能因为批判性的缺失而流于空泛（在西方，社会学是素有批判科学之美誉的）。

在思考这样的问题时，不能不想到美国的社会学家赖特·米尔斯（Charles Wright Mills）。米尔斯的《白领：美国的中产阶级》和《社会学的想象力》已经被翻译介绍进中国。可其实米尔斯还著有一本在美国社会学史上深具影响力的著作《权力精英》（*The Power Elite*）。在这本书中，米尔斯将美国社会中的大城市上流社会、名人、大富豪、公司高层、公司富豪、将军、军队高层等统统纳入他的研究对象，并分析了他们与大众社会的关系，以及他们的政治倾向、道德倾向等等。1956年，《权力精英》的出版曾经在美国社会学界和一般知识界引起不一般的反响。除了与社会学、政治学相关的杂志，以及一些左翼杂志外，美国的各大报刊如《纽约时报》《时报》《新闻周刊》《美国》《报告》等纷纷发表评论，学术上的褒贬各异自不必说，而评论者较为一致的看法则是，米尔斯的这本著作的意义首先在于它是尝试着从正面来对美国的权力结构的顶点作出分析，而且这出现于学院派内部，即这件事是由占据着哥伦比亚大学教授位置的米尔斯所做的。有学者指出，“现代的学院派的社会科学中，存在着一种人为的贫血症倾向(a sort of contrived bloodlessness)”。所谓“贫血症”，是指埋没于琐碎的事实和调查实习中，是一种无视宏观问题的矮小化的实证主义。而所谓“人为的”是指那种可称社会学者职业病的怯懦，是一种有意识地回避那些与全国规模的权力结构具有重要关联的问题的倾向。对于这样一种倾向来说，不少评论者指出，米尔斯的这本著作正具有“解毒剂”的意义。

米尔斯因为其挑战强势的学术性格，历来为美国年轻的社会学硕士、博士研究生所喜爱。但近来翻看他的《权力精英》序言，才注意到，其实米尔斯对社会科学研究者研究现代社会(在中国这可以理解为城市社会)的困难有清醒的意识。

> 对于写书、读书的人们来说，无论是现代社会的顶层还是底层，都不是非常熟悉的世界。就我们来说，也许对社会的中间部分更了解一些。如果要理解中间各阶层，我们只要看身周围实际在发生的事就可以了。但如果要理解顶层或底层，你首先得去努力发现事实，然后你还得为叙述它下功夫。这是非常困难的事情。在很多情况下，现代社会的顶层是很难接近的，而底层又往往是隐蔽的存在。①

在这里，米尔斯说到了底层的隐蔽性。是的，表面看来，作为观察者的我们可以比较容易地接近那些困难群体——在城市里，他们常常就靠在马路边，他们的家也可能是敞开着门的，而不像其他层级的人那样深藏于办公楼或高级公寓中。但是接近一群人，并不意味着就能了解有关这群人的“社会事实”。对于身为研究者的知识人或身为访问员的学生来说，城市社会的困难群体，除了贫困、不幸外，还有着他们极少了解，也很难理解的种种价值规范和生活方式，那是一个隐藏着包括一些灾难、阴暗面在内的另样世界。

问题在于，如果一个研究者仅仅本着“关怀”的出发点去观察“弱势”，那么，他就可能带有某种与研究对象一体化的倾向，从而去寻找符合其想

① C. Wright Mills, *The Power Elite*，日译本，上，东京大学出版会，1972 年，绪言。

象的事实、将被过滤的情景当作社会事实本身。

对于中国的社会学研究者来说，今天这急剧变动着的城市社会之中，不仅充满着人们尚未看到的事实，更充满着许多看不到的事实——也许是因为我们的观念及认知局限而对其熟视无睹，也许是因为我们的怯懦和无能而无法看到。

而米尔斯所说的"难以接近"的上层，以及"隐蔽"的底层，在我们的《移民上海》的众多个案中即可感觉到。从学生记录下的受访者的口述内容看，那些为数甚少的经理，他们不乏叙述的能力，同时他们对"观察—被观察"关系也具有相应的控制能力，他们知道怎么讲述自己的故事。而那些民工、钟点工看似有问必答，可我们的访问员能了解到的，往往非常有限。就像一些同学在调查手记中讲到的那样，他们与受访者之间或者是难以展开交谈（有几位同学的访谈实录只有十多行），或者是谈了许许多多，却始终觉得隔着一层，无法理解。

(对一位保姆的采访)我基本上是在她工作的时候对她进行采访的，基本上她不是很拘束，但由于她本性可能话不是很多，所以对于我的问题，她大多是很简单的回答。同时又由于她书读得不多，很多心里的想法表达不出来，有很多问题她也是没有想过的，如我问她对上海有什么感觉？她一开始说没感觉，后来又说说不出来，经过我的反复引导，她也只说了一点点，所以关于客观问题就采访起来比较容易。所以像其他同学遇到的问题，如无法深入啊，我也有同感。

第一次要采访的时候，她就和我说什么她不会说，说不来。而我只好在旁边安慰她鼓励她，跟她说这很简单的。一开始问起她的家庭背景，个人资料，访问进行得都很顺利，她都很爽快地作出回答，后来问到一些主观问题时就遇见困难了，其实她并不是不想说，而是真的没想过，像许多人一样是属于认认真真、踏踏实实生活的。很多与生活无关的问题她们从来不想。而有些问题即使想过，也因为知识文化水平的限制无法表达出来，或者即使表达出来，也与他的真实感觉有偏差，这就给我的访问增加了难度，也是对访问内容的客观性和真实性的挑战。

一位食堂师傅认为自己是外来农民工，所以比上海正式职工工资少是正常的，没什么不公。也不知道这个解释是他自己的，还是谁给他灌输的。在他的"知足常乐"后面是否还隐藏着些什么呢？

> 也许是因为这些缘故，在整个采访过程中，尽管他也滔滔不绝，但是我总感觉谈话无法深入。这绝对不是他主观上有所隐瞒，一方面是由于我首次做深入访谈，理论和实践准备还不够，另一方面就是他的一些思维定式和一些他认为理所当然的看法限制了我们的谈话。

在所有的调查报告中，那些年轻职员的口述，像是最自然的一部分，显然这与学生跟他们的沟通较少障碍有关。但即便是对这些人的采访，我们的一些访问员，也感觉到了种种疑虑:关于如何确认"事实"的困惑。

类似的心得还有不少。读学生的这些笔记让我深感欣慰，因为我想，真正的知，只能是从对不知的自觉开始的。

棚户区大调查:他们的叙述

一、听他们叙述:初衷与方法

“棚户区”,在近代以来的上海历史中,一直是规模庞大、形态独特的城市贫民区。在 20 世纪 80 年代以前,这里居住的主要是 50 年代中期以前自全国各地迁徙来沪的普通移民,也有小部分是原来即居住于此的“本地人”和 50 年代中期以后零星搬入的居民。

多年前,因为教学和社会调研活动的需要,我曾一次次到棚户区,听居民讲他们的生活。隐隐然就有了想把他们的叙述内容记录下来的冲动。但我知道此事的不易:采集这样一个群体的生活记忆,为何又何为?让他们讲什么、怎么让他们讲、能听到什么……在在都可能成为问题,都需要认真的考虑和准备。

但是形势不等人。“城市更新”的势头迅猛异常,有关上海内城的棚户区将在2005年前全部消失的传闻迫使我们尽快行动——在这类社区消逝之前,我们必须有所作为。首先只为了记录下我们还能看到、听到的,有关这些社区普通居民的日常生活,他们的过去和现在。2003年秋,我和我的几位研究生一起,动员、培训了社会学系近百名本科生和研究生,组织他们来到董家湾和元和弄(均为假名),展开了为期近一个月的棚户区居民生活史调查。

在调查对象的选择上,我们着重考虑了社区形态及其对象群体的典型特征。这两个社区被我们选择为调查点,一是因为它们地处上海市棚户区最集中的苏州河北的闸北区和普陀区。同时还因为在我们调查当时,这两个社区还保留有较完整的规模。在所在社区居委会干部的热忱配合和帮助下,调查组在两个调查点以随机抽样的方式选取了近百户访问对象。随后,学生进入居民家中,对受访居民作了访问式调查。

怎么问?如何记录?这些曾是我思索再三的问题。想做的与能做的,需有一个大致的平衡。作为访员,我们的学生与棚户区居民有着太多的隔阂,包括社会文化的、时代历史的,还有个人生命周期体验的等等。而面对受访者,我们还必须恪守基本的调查伦理,居高临下的访贫问苦或刨根究底的隐私窥探都有违这项调查的本意,也与社会学教学实践的宗旨不符。最后,我们确定了结构式访谈的基本方案,要求访问员参照访谈提纲(参见附录),结合具体情景,以聊天对谈的方式提问并倾听。为了尽可能减少访问员对受访者叙述内容的主观选择,我们给每组访员配备了录音器材,要求他们在征得受访者同意的情况下留下录音记录,随后依据声音资料整理出原始的对话内容,并记述下在访问现场的所见所感。

现在大家看到的,即是我们整理后的叙述记录稿,除了按叙述内容及其事件发生时间的顺序等稍作调整外,为了尽可能避免对受访者个人隐私的暴露,我们隐去了调查点、受访者住址,以及受访者及其家属的真实姓名,并酌情略去了一些个人相关信息。这儿的“棚户区居民”,主要是目前居住在棚户区、具有本市户籍的老居民,没有包括80年代以来入住其中的外来人员及其家属。

二、“第四种文本”的建构

本书并不是学者关于棚户区居民生活史的研究性成果。我们所做的，首先是记录。这里提供的，基本上是一种描述性或叙事性文本——从中读者可以大致了解到棚户区居民的生活样貌。①

对于这些社区、这个群体，我们已经可以看到各种各样的描述。除了历史学、社会学等学科研究者的一些经验实证研究的成果外，我们还可以从既往的各种文字和图像中搜寻出有关棚户区的记录来，这些记录在各个时期、以各种方式向我们描述了棚户区居民的生活情景。

第一种文本：棚户区改造与穷人翻身

首先要提到1949年以来由党政传媒机构及其各种宣传渠道传递给社会的棚户区居民的生活故事。这类故事的内容大致涉及旧上海棚户区悲惨的环境及生活，以及50年代初开始的新政府的棚户区改造、工人新村建设，一直到80年代，特别是90年代以来的城市大改造、棚户区居民“喜迁新居”。

棚户区的改造和棚户区居民的生活改善，自1949年至今，一直是城市新闻传媒中主题报道的重要内容之一。这类报道无疑是为政权合法性和政策正当性提供明证的有效方式。在这一种文本的建构过程中，自觉或不自觉、主动抑或被动地，生活者自身也参与了故事的叙述。像上海市50年代的东新村改造、肇家浜水上棚户区改造、“两万户工程”、曹阳新村规划，60年代的蕃瓜弄改造，80年代的药水弄改造，直到90年代的“365工程”、“两湾一村”动迁工程等等，几乎在所有的相关报道中，我们都可以听到棚户区居民怀着激动、感恩的心情讲述的今昔对比的生活故事。

第二种文本：作为“上海之羞”的“下只角”

与前一种文本同时存在的，是一般社会的棚户区像——作为“上海之羞”的特殊的城市贫民区。这类文本在非棚户区的市民中口口相传，在各种类型的上海故事中也若隐若现。

可以说，旧上海其实是由三部分组成的：华界、外国租界（法租界和英美共同租界，广义的还包括越界筑路地段和虹口地区日本人居留地等），

---

① 陈映芳主编：《棚户区：记忆中的生活史》，上海古籍出版社2006年版。

还有城市周边的棚户区。而在许多人的上海记忆中,棚户区是不属于上海这座城市的。棚户区的居民自己,也会把进城叫做“到上海去”。1949年后,虽然随着行政区划的重组和城市工业区、住宅区的外扩,上海的城市地图和城市概念不断变化。但一般社会的棚户区像并没有发生实质性的变化。在很长一段时间里,棚户区被侮称为上海的“下只角”(以此相对照的是旧租界高档住宅区和繁华地段的“上只角”)。作为设施落后、拥挤肮脏的贫民住宅区,它是城市羞于示人的角落。

在这同时,棚户区的居民,被社会地、历史地建构为一个特殊的族群。对这个族群的社会性歧视曾长久蔓延于这座城市。棚户区居民几乎成为贫穷、粗鲁、“档次低”等等的同义词。这种歧视甚至超出了一般的阶级/阶层歧视:住宅地段、祖籍地以及家乡口音,成了族群身份的识别标志,这种族群身份多少构成了社会交往及通婚的障碍。

这样一种棚户区像,在各种各样的文艺作品中有直白或隐晦的描述。在大多数有关“大上海”的文字描述或视觉表象中,棚户区会被当作非城市、非上海人的区域而被忽略、被屏蔽。

第三种文本:“我的生活”

带着价值的关怀和实际困惑,一些学者开始了他们自己的叙述,以困难群体一员的身份,或以困难群体生活曾经的亲历者的身份。在这样一些文本中,我们可以看到有别于上述第一种文本的棚户区:那里没有空泛的政治激情,虽然工人有对生活的知足和对党的感恩。棚户区居民所以能安于物质艰苦的非城市的生活状况,多少是阶层隔离(城市生活区隔),以及他们习惯于以另一种“群体”——乡村农民为参照的结果。

在这些文本中我们还能读到另一种全然不同于上述第二种文本的棚户区:棚户区的居民不仅对国家表现了极大的热情和忠诚,那里的人们还恪守着传统的道德信条,纯朴善良而又疾恶如仇,邻里间洋溢着浓浓的亲情,社区有“夜不闭户,道不拾遗”的安全……

在这样一种叙述文本中,我们可以看到叙述者对底层的天然情感,以及试图改变底层被表述、被扭曲的命运的尝试。但是我们也可以看到在叙述者与实际的底层之间存在的或多或少的距离。

第四种文本:共同建构“他们的叙述”

“让他们自己叙述”,出于对记录社会的意义理解和自身的研究需要,几年来,我自己曾尝试过让大学生自述,也曾多次组织学生深入社会,对话、倾听并记录。在着手计划这项对棚户区居民生活史的调查时,“共同建构”已经成为我对这类调查的方法上的一种自觉。在我看来，“他们的叙述”的“纯粹性”，应该被视为一种目标追求，但不是这项工作的性质要求。仅从形式上讲，至少有三部分人会共同参与这一个文本的建构：(1)作为调查策划者、组织者和成果编辑者的本人（以及协助我工作的研究生）。(2)作为访问员、记录者的学生。(3)作为叙述人的受访者。这样的共同参与，是这一类调查、叙述得以实施的前提条件。在这种前提下，对“他们的叙述”的“纯粹性”的追求，不应表现为对共同参与这一事实的淡化，或对其意义的否定，而恰恰需要对这种共同建构性质的明了，在此基础上致力于对叙述者话语空间和叙述内容的尽可能的尊重和保留。

毋庸讳言，从调查计划和访谈提纲的确立，到这本实录的最后定稿，“我们的”意图和视角贯穿始终。此外，学生会以他们的方式展开调查，有的是我担心的（他们对调查宗旨的可能的理解偏差，对棚户区居民生活史的挖掘、理解的能力，以及实际的对话可能），也有的是我希冀的（很多情况下，访问员的话语权与受访者的话语空间是成反比的，学生访问员可能听到大学研究者无法听到的叙述）。但无论如何，我们希望能给予受访者尽可能多的、自由的叙述空间，并在记录、编辑的过程中自觉地减少“他们的叙述”被扭曲的可能。

现在，从实际记录下来的内容看，一方面，我们的调查框架及方法等的局限处处可见。另一方面，那些受访者讲述的个人和家庭的生活史记忆、他们对生活现状的解释和感慨等等，或许可以不自谦地说，多少实现了我们的“听他们叙述”的初衷。

三、他们的记忆和生活

1. 历史与现实的经纬之中

棚户区居民的生活，应该不缺少丰富的内容，他们中很多人是早年从农村逃难来到上海谋生的老一代移民，有过扛码头、拉黄包车、当童工、在日资纱厂做包身工、在荒地里搭棚栖身、为地下党送情报等等的经历，1949 年后又多成为正式的工厂职工，是响当当的“上海工人”，他们为中国的社会主义工业化出过大力，有的曾当过劳模，有的还经历了 60 年代的支援新疆、支援内地“三线”建设……他们原是上海滩苦难历史的亲历者，也是这个大都市风云沧桑的见证人。但是如今，在他们这里，在不少受访者的记忆中,这些似乎只剩下了轮廓模糊的线条,缺少我们期待的细节,也缺少我们想象的激情。

当然有访问员与受访者之间互动的问题,也有叙述者记忆力或表述能力的问题。但是,细听他们的讲述,我们不难发现,这里面有着讲述者的某种选择。作为他们自己的生活史的共同建构者,他们的参与并不是完全被动的。面对我们的访问员,他们会有疑问:“为什么要讲?”“讲什么?”“跟你们讲又有什么用?!”

是的,他们需要为自己的叙述行为和叙述内容赋予意义。而这些,恰恰是我们难能设计和达到的。

人们的记忆和叙述,不可避免地会被镶嵌在由历史和现实交织成的意义世界里。我们曾经听到过老工人老贫农声泪俱下、细节详尽的“诉苦”“忆苦思甜”,也曾经听过先进模范的“事迹报告”,还有“文革”受迫害者的血泪控诉,今天我们更可以看到各种虚虚实实的个人传记和家族史。我们都不难为每一种倾诉行为找到其个人动机与时代的、社会的因素之间的联系,也很容易为他们的叙述内容找到相应的历史的、现实的意义。而在我们所作的这一类对社会下层居民生活史的调查(深度采访)中,叙述者同样需要为自己的叙述寻找意义。即使我们可以成功地取得他们的理解,即他们愿意配合我们,为社会,也为他们自己的所属群体留下一份文化资料。可是,他们还需要面对他们自己的生活。

在叙述中,他们常常会说:“不说了,说这些有什么意思?!”“你们不懂的,说了你们也不理解……”难道不是吗?他们当初逃难来沪的果敢、艰辛,在上海立住脚的不易,在旧上海受的苦,后来被视作国家主人的骄傲,为国家、集体作的贡献,在政治运动中付出的热情,为哺养子女吃的千辛万苦(他们一般都是多子女),他们节衣缩食存款借债在棚户区搭的棚、造的屋……所有这些,在今天还能有多少意义?他们凭什么,又如何能够去细细地回味、热情地叙述?

人们的记忆和记忆叙述,是主观过滤的结果,也是个人与时代、与社会对话的产物。在这里,“他们的叙述”作为这个社区中这个群体的生活史记忆和生活现状描述,较之于他们对生活事实的复原程度,其客观性、真实性更存在于他们与他们所处的社会、时代的关系之中。

2. 他们身处的现实情景

在叙述中,棚户区的居民常常提到他们今天享受到的退休金和医疗保险,他们有知足的一面,对政府和共产党怀有感恩之心。不过,听他们回忆过去的生活，我们印象最深的，恐怕还有生活的艰辛——工厂里三班倒的苦，车间里潮湿闷热的苦，家里住破阁楼的苦，孩子下乡插队的苦……

与记忆中的辛酸同时呈现在我们面前的，是我们调查当时，他们所面对的生活现状。

（1）中年一代的下岗，是棚户区绝大部分家庭遭遇的生活困境。这里的老一代居民基本上都是原国营企业、集体企业的工人。而他们的子女，无论是直接分配工作的还是下乡后回城的，职业的继承率极高（不少人是通过顶替父母进入工厂的）。在90年代以来的社会转型过程中，很多人失去了原来的工作。下岗的中年人或者自寻出路找活干，或者就干脆吃低保、吃父母的退休金。这种状况是许多棚户区居民感到生活艰难的最直接的原因。

（2）外来人员的大量进入构成棚户区居民现实烦恼的另一个重要因素。80年代，特别是90年代以来，棚户区中一些有能力在外面购房的居民走了。他们的搬迁给留在那里的居民带来的影响是双重的：在分化中感到的失落（“我们买不起房，走不掉啊！”），还有新的外来者的进入（搬走的居民往往将房子出租给外地来沪人员）。在我们调查当时，上海的棚户区里，本地居民与外来人员的比率普遍在1∶1左右。新的外来者给老住户造成很大的不适，他们觉得自己的生活秩序、自己的社区环境被打乱了，但是他们没有办法。这里有许多其他区域的城市人并不了解的苦恼：虽然许多城市居民也在对“外地人”表示排斥或同情，但大部分城市人其实生活在与外来找工者相对隔离的“安全”区域，可棚户区居民无法回避。

（3）对房屋动迁的担忧，是棚户区居民对生活感到不安的另一个主要原因。90年代以来的城市更新运动，早已经触及棚户区，这两个调查点的居民也经历了由盼动迁到担心动迁的过程。他们已经了解，如果接受经济补偿，他们能得到的钱是无法买到他们想要的住房的。而如果接受现房安置，他们就必须离开城区到郊外去生活，那样的话，对中年人来说，最大的问题可能是难以找到工作。对老年人来说，则意味着会遇到看病难的问题。而这些，是他们的生活能够继续下去的基本条件。

四、需要讨论的问题

关于社会贫困层的问题，社会学界曾展开了相应的研究和讨论。可以看到,在社会学界的"社会分层状况"研究和"贫困问题"研究中,问题的指向主要在于造成贫富两极分化的机制,学者关注的是社会分层制度中的公平原则、社会流动渠道的开放程度,以及社会保障制度的健全等。

围绕现代城市中的棚户区现象或贫民窟现象,值得讨论的问题还有许多。涉及上世纪上海棚户区的历史,如何看待"社会主义记忆",即是一个需要研究者思考的问题。在相关的历史研究并不充分的今天,我不希望这本书的意义被过度阐释甚至被曲解。

本书中的叙述者——棚户区的老居民群体,很快就将消逝于城市的历史中了,连同他们的社区一起。他们中的大部分人将搬到城市的各种老工房或外城区的新建安置房中。他们终于要告别棚户区,告别过去的生活了。但他们的生活还将继续,他们的生活问题依然是城市的问题、我们社会的问题。

与此同时,另一批新移民正从全国各地的农村进入城市,他们不能自搭棚户——今天的城市不会有无主地或荒地供外来人栖身了。无钱购房的外来务工人员以及他们的家庭成员,除了在工地、工厂宿舍或菜市场里搭铺寄宿外,大多租住在棚户区或城乡结合部的廉价住房里。他们的存在、他们的生活,已经是城市社会和城市生活的一部分。虽然我们的这项调查并没有将他们纳入其中,但我希望,我们的这一个"他们的叙述"的文本,能有助于大家对另一个"他们"的群体及其生活的了解和理解。

实现社会的自我发现

——关于《双城记：京沪众生素描》①

一、社会调查——不只是为了学术

北京与上海，当今中国的两个超级城市，它们在这二十多年中神奇变幻的景象，早已为各种媒体的受众所熟悉。而读者在本书中将看到的，则是这两个大都市中普通人的日常故事以及生活场景。

① 郑也夫、陈映芳编：《双城记：京沪众生素描》，上海交通大学出版社 2013 年版。

“城市化”“城市发展”，在经历了被呼唤被期待的喧嚣历程之后，如今已真真切切地发生在我们眼前，正支配着我们的生活。社会变迁不似文学故事般浪漫，今天我们看到的城市图景，远没有当初想象的那样美好——当以迪拜为代表的最新魔幻版城市在全世界面前惊悚登场之后，当2012年夏日的一场暴雨让北京城淹成泽国之后，现代城市的图腾正在失去先前的光环和信众。而有关“城市让生活更美好”的美妙承诺，在中国，它留给大多数普通生活者的，是难以明言的复杂况味。

但是生活还将继续，还在继续。在探讨问题发生机制的同时，致力于发现“社会的可能性”，这应该是不少学者投身于社会研究的深层动机。这些年来，在教学、研究过程中，鼓励学生“到现场去”——了解生活者的逻辑，寻找社会的生机所在，这成了我不经意间持续多年的一项工作。有些人倾向于将这类工作归入“底层研究”的范畴，这或许是社会田野调查工作在某种程度上所具有的属性。但在我看来，社会生活的实践原理，理应是“为了社会的社会学”的重要起点（就如同人性之于文学、生命意义之于哲学那样）。它也应该成为一般社会成员了解自身、理解社会的重要视角，无论是出于对社会命运的忧虑，还是因为对未来的向往。

二、社会的自我发现是一种权利、一种能力

对每一个社会及其生活其中的社会成员而言，“社会调查”意味着什么？它首先意味着一种权力——观察社会、掌握社会实情的权力。就像社会统计学在欧洲曾被称为“政治算术”那样，社会调查具有天然的政治性，这种政治性有时体现为支配者对社会事实的定义权、诠释权的垄断，有时则可能以社会成员的自我阐释为形式——这可以被理解为一种权利。社会状况“是什么”或“为什么”，这些对每一个人的生活和命运都至关重要的信息及问题，谁有权去调查究明、谁可以来告知解释，在不同的社会，有着不同的制度和机制。

社会学在中国的恢复，曾被理解为“改革开放”的重要成果，也被认为是社会现代化的重要学术装置之一。在这过程中，社会调查之于社会发展的有用性，曾被视为一种自明的常识。但是，有一些值得深究的问题多少被忽略了：谁可能是调查的主体？为了什么而调查？如果了解社会既是权力或权利，也是能力，那么，谁该掌握这些权力、权利与能力？

在今天中国的各种政府部门、产业集团的调研机构里,社会调查极为普遍地被运用于各种国情、舆情、商情等的调查项目。大学里的师生,也因为各种科研项目的需要,忙着从事各类形式的调查。表面看起来,社会调查在中国不仅已经权力分散,而且门槛也极低(在欧美各国,社会调查有较严格的法律门槛和伦理约束)。但是,这其中存在一个要害的问题:在政治权力和商业力量之外的“社会调查”,既少且难!

这涉及两个问题:一个问题是,在有关社会调查的制度框架中,专业的调查机构及其从业成员的存在,以及他们展开调查的动因和基本条件,多源于社会治理者需求、企业需求。相对而言,除少数社会基金外,在有关社会调查的制度中,我们的“社会”“社会成员”,其实多只是被设置为调查的对象、被诠释的客体,其本身却并不具备研究社会、了解自身的基本条件。另一个问题在于,社会成员自身,如何能培养出探究社会、了解自身的意识和能力?公民之成长、社会之成熟,需要社会成员具备相应的认识自我、诠释自我的基本能力,唯此才能成为社会权利、社会主张的声张者,成为推动社会自我变革的真正主体。

这样的能力培育,理应成为公民教育、大学教学的基本理念。在我们今天的大学中,学生并不缺少参加各类专业实践的机会,在社会学这样的学科,由专业教师、政治辅导员以及团组织等等牵头的科研项目、调查课题多得让学生应接不暇。然而,基于人们了解自身状况、关心社会命运等动因的、独立自主的调查研究,既缺少足够的鼓励和支持,事实上也并不被视为专业教学的任务。在现实中,以我这些年来的教学实践而言,鼓励学生探索自己关心的问题、指导学生从事真正以自己为研究主体的社会田野调查,这几乎成了大学中的另类教学实践。在教师,从体制课题或市场项目中腾出精力来,已是不易;在学生,业绩竞争需要之外的专业训练有何意义?而且,对不少学生而言,“基于内心价值关怀的问题意识”这样的要求,也意味着某种陌生的路径。

所幸,这样的教学理念与实践,在学生中不难得到对其意义的理解,且能得到热情的呼应。这些年来,我曾收到过无数读来令我激动的调查报告/研究论文,还曾读到过不少给我启发的调查心得。学生们的社会调查报告虽然没有正规调查机构的报告所具有的某些权威性,可能也缺少媒体记者社会新闻的敏锐性、可读性,但是,学生们作为社会成员的一分子、其自主的城市社会调查,不仅为我们提供了一种独立于各种权力的社会生活描述文本,它也为我们展现了“自下而上的社会调查”的一种可能性，以及“社会自我发现”的途径之一。

本书上海篇的作者，是华东师范大学社会发展学院2012届硕士研究生和2013届本科生，我于2010年春季分别为他们主讲“城市社会学”“中国社会”课程，并具体指导了这项调查活动，我为学生能有这样的学业成就而由衷高兴！

三、关于京沪《双城记》

在这份城市社会调查报告中，对于我们身处的城市社会，相信读者既可能看到这些年中国城市发展的成就和问题，也可能发现社会的危机或希望——开放性、丰富性，是我对这份城市生活报告的突出感受，也是我期望大家能够认可的它的价值所在。

从中，通过京沪两地学生的视线和笔触，我们可以看到城市开发对城市传统、传统社区的破坏和对居民生活的影响，“农民工”制度下各种乡城迁移人员的权益状况和生活困境，以及各种市民的命运等等。也许有人会认为，社会学者多关注社会贫困群体，所以调查者更多地看到社会的阴暗面。但其实，社会田野调查工作者多只能接触到社会基层群体，这是不争的事实，也因此会更多地关注社会公平问题。但是，所谓贫困群体的生活世界的复杂性，远不是研究者的所谓道义关怀可以描述清楚的。此外，不妨设想一下，如果社会调查者有条件真正进入社会其他群体去做深入的调查，那调查者可能看到的，难道不会是另一些社会问题？

让人深感欣慰的是，我们的学生从田野和生活者那里带回来的，绝不是对所谓城市发展成就或城市问题的简单图解或罗列。在丰富细致的场景描述、故事叙述中，我们可以看到调查者真实而真诚的观察立场、倾听姿态，也可以听到各种生活者对自己生活目标、生活策略以及价值规范等的直白的或曲折的叙述、解释。这些既不是出于意识形态宣传或学术研究需要所作的素材收集及经验裁剪的成品，它也不是居高临下的“关怀”或“批判”意图下形成的文本。

在这份报告中，我能够强烈地感受到“社会纽带”在维系今天中国的城市社会中所起到的无可替代的重要作用。无论是艰难生存中的外来民工还是为上升流动而辛苦奋斗的年轻白领、大学生，他们都在告诉我们：家庭、亲属、同乡同学之间的亲密关系、人们之间的相互依存，对于他们的生存和生活是多么重要；对亲人的责任、对孩子的期望，是如何在支撑他们面对各种困难、困境，并让他们对未来充满希望。

在调研者描述的一个个城市生活故事中，我也读到了某种社会共生的法则。在国民身份平等的公平公正的社会制度还没有建立健全的情况下，数百万“民工”“外来人员”涌入北京、上海这样的城市，在不同族群身份、不同阶层的各种人群之间，城市的社会秩序和生活秩序的维系是如何可能的？这问题的答案我们不妨从生活者的这些故事中去细细地体味和发现——这些生活法则涉及人类社会的共生性、共同性，对我们每个生活者都会有启示。

在这份报告中，我还欣喜地看到学生发现并描述了城市中各种年轻人的生活故事，以及他们独特的表达方式——对于同龄人、同代人群体的了解，让学生显示出了成年学者所不具备的观察能力和理解角度的优势。而几篇有关校园生活、摇滚文化、涂鸦文化等的报告所描述的城市青年的亚文化调研报告，也让这份城市社会调查报告抵达到了“表达”的层面，从一个特殊的角度向我们呈示了社会的生机，以及城市生活、城市文化的多样性所在。

关于我们的《双城记》，我要向郑也夫教授表示我的谢意。早在二十年前，因为《读书》杂志上的一篇小文，郑教授曾向我辗转致意，表示了对指导学生作城市社会调查这样一种教学实践方式的理解和支持。这本《双城记》，自始至终，是在郑老师的倡导和推促下成形的。

《寻找住处:居住贫困和人的命运》[①]

——“人的命运”是我们持续的议题

一、关于居住生活调查

本书的主要内容,是我和我的研究生在城市田野调查过程中记录下的一批城市居住者的生活故事,另外还附有我们对这些故事的发生背景所作的介绍和分析。

---

① 陈映芳、卫伟主编:《寻找住处:居住贫困和人的命运》,上海古籍出版社 2015 年版。

这一项调查缘起于我主持的一个研究项目(上海市哲学社会科学规划项目《城市居住者居住生活救助研究》,2009年启动)。本次调研活动的时间主要集中于2009年10月至2011年5月之间。

1. 调查对象及内容

哪些人属于城市居住贫困者?据于此前的各项城市调研所积累的数据和经验,在本研究中,我们避免了以单一的经济学分类方式(以经济收入或房产拥有状况为分类标准),而将关注重点放在既无力从市场购得商品房,也无力合法地租住城市租赁房,①同时也没有资格、机会从政府或职业机构获得住房福利、住房保障、住房支持的人群。②在这样的设置下,我们的调查对象主要涵盖两大群体:(1)从各地城乡来到流入地就业、务工,但未能入住企业宿舍、民工公寓的流动人员及其他们的家属;(2)因各种生活需要或生活困境而滞留于城市的人群。我们的调查内容主要包括:对各种城市居住贫困群体以及无居者群体的居住状况的调查;对包括政府部门、民间团体等在内的各种居住生活救助机构的调查。根据相关调查的研究积累,本次调查主要采用都市人类学的调查方法,尤其以社区调查、个案访谈和参与观察为主要手段。

在本次调查中,我们也将下列这些特殊的流动人群列为调查对象,他们因为各种原因滞留城市,但通常并不被列入“外来群体”之中:

从各地乡村和其他城镇来城市寻找工作(暂时无工作)的人群;
因失业、跳槽等原因而暂时失去住处、收入的人群;

---

① 根据《上海市居住房屋租赁管理实施办法》(2004年8月30日沪府发〔2004〕29号发布),租房签合同,要到所在地的区(县)房地产管理部门登记备案,依法纳税。第八条(人均承租面积标准) 租赁居住房屋,承租的人均建筑面积不得低于10平方米,或者人均使用面积不低于7平方米;其中,向单位出租用作集体宿舍的,承租的人均建筑面积不得低于6平方米,或者人均使用面积不低于4平方米。

又,根据《关于加强居住房屋租赁管理的若干规定(试行)》(2006年11月30日上海市房屋土地资源管理局),“居住房屋应当以原规划设计的房间为最小出租单位,不分门进出的客厅、厨房间、卫生间等均不得单独出租;一间房间只能出租给一个家庭或一个自然人,出租给家庭的,家庭人均承租的居住面积不得低于5平方米。”

② 住房福利资源如党政机关和事业单位职工享受的住房福利补助;住房保障资源如城市的廉租房、经济适用房等保障性住房资源。其他住房支持主要指企业、开发区政府、地方政府等提供的各种宿舍、公寓等。

本地高校、中等学校毕业而暂时未找到工作的外地生源人群;

因考证、考研、考公务员等各种原因而暂时不工作的外来年轻人群体;

从全国各地来城市求医的患者及其家属群体;

各种返城、回迁而尚未落实户口或无住房保障待遇的群体①;

因子女求学、工作而来城市陪读或寻找共同生活机会的亲属;

因为各种个人因素而受到社会排斥的边缘人群;

因为家庭失和或个人失去从事经济活动的动机、能力等原因而漂流于城市的流浪者,等等。

对于中国当前流动人群的居住状况,学术界已有大量的研究,如人口学、城市地理学对非正规居住区和城市空间极化现象等的研究,以及社会学、人类学者对民工聚居区等的研究。相对于这些学术视角,本研究重点关注这样一个问题:那些既缺乏住房公助资源支持、在城市房产地市场和住房租赁市场中也缺乏必要的购买力、消费力的低收入人群,他们是如何找到住处,而得以在城市中建立起他们的居住生活的?

2. 一些调查发现

要具体、准确地描述城市中各种人的居住生活形态是困难的。在这里,我们试以下表来对城市下层流动群体的居住形态作一个大致的分类描述:

城市流动群体居住生活形态

居住类型	形式	住房/床位来源	作为法律现象	作为扶助行为
宿舍	无偿 或有偿	开发区/基层政府的民工公寓 工地宿舍、群租房等	合法 打擦边球、违规	自助
“包住”	无偿	雇主提供住处(工作场所、 保姆住家等)	打擦边球	自助
聚居区	租赁	集体经营、个人承包经营	合法、打擦边球	自助
民居	租赁	房产业主、郊区农民、 二房东、小区地下室等	合法、违章/违法	自助

① 主要包括各种回沪的知青群体、支边群体和原上海户籍而在外地离退休的回流人员。

续表

居住类型	形式	住房/床位来源	作为法律现象	作为扶助行为
棚户	租赁	农民出租土地或搭棚出租，市民租地搭棚出租	违章、违规	自助
变相旅馆	消费	求职公寓、家庭旅馆、医院周边民居、浴室、胶囊房、网吧等	擦边球、违规	自助
占据	无偿	拆迁房、无人管理老厂房、垃圾场、河道边等	违规、违法	自助
借住/蹭住	无偿或有偿	亲友、同学处、大学/企业宿舍等	合法或打擦边球、违规	互助
救助机构	无偿	政府机构、民间团体	合法 打擦边球	公助 共助
露宿	无偿	公共场所(公园、车站、马路、桥下等)、快餐店等	违规或打擦边球	失助

在调查中我们注意到，各种流动人员的居住生活秩序所以能够成立，首先是因为城市中存在一个规模膨大的、灰色的低端房屋租赁市场，它构成了城市吸纳外来流动人员的主要空间。在这个低端市场中，包括部分企业主提供的宿舍在内，真正符合政府颁布的“住房租赁条例”标准的出租房，并严格遵守租房规则的，只是极小一部分(主要为自雇用者、外来白领等)。大部分低收入的流动人员是以“违规、违法”的形式，居住在不符合政府标准的出租房中。

与此同时，在城市流动人群中，普遍存在着“借住”等形式的居住生活互助现象。这是没有住房资源，在旅馆、租赁房等居住市场也缺乏支付能力的人能够免于流落街头的主要原因。

社会成员间的互助行为、支持网络，历来存在于各种不同的社会之中，被认为是人们建立、维持生活秩序的基本条件之一，尤其被视为一些社会的“自生的社会秩序”最为典型的构成要素之一。①在我们的调查中，有两种居住现象特别引人注目：一是大部分受访者都将自己得以在城市

① 恩田守雄,『互助社会論:ユイ、モヤイ、テツダイの民俗社会学』,京都:世界思想社,2006 年。

找到工作和住处的生活现状，归因于得到了亲友的帮助，包括初到城市时的落脚地，以及各种情形下的“借住”“蹭住”等等；二是在流动群体中，许多人过着多人共租一室，甚至多人共用一个床位的居住生活（有的受访者告诉我们，她们曾四人共租一张床位，两人白天睡觉，两人晚上睡觉）。在这种极其艰难局促的居住生活中，流动人员普遍结成有以“共租”“合住”为形式的共生共益的协作关系。

与此同时，我们也发现，城市中以贫困的流动人员为对象的居住生活救助服务严重缺乏。在这里，我们将帮助低收入、无收入的流动人员建立居住生活的行为视作为一种生活扶助行为。根据施助主体的不同，我们可以将这种扶助的类型区分为：

公助：城市政府提供公益性住房或宿舍；
共助：共同体、社会团体提供公益性住房或宿舍；
自助：个人、家庭通过劳动力市场或住房市场获得住处；
互助：生活者个体间相互提供居住生活帮助。①

在调查中我们注意到，除了政府设立的救助站（这些机构主要负责临时性救助而不提供扶助性稳定住处），城市政府尚没有建造以流动人员为扶助对象的公营住宅或居住生活援助设施。②我们也没有发现类似于近代中国城市中曾存在过的、旨在帮助同乡人建立城市生活的“同乡会馆”等民间机构。不过在调查中，我们发现了几家为流浪人员提供生活帮助的民间团体，它们有的作为慈善机构为无居者提供日常生活援助或以注册企业形式，招募流浪者并为他们重返社会提供培训等服务。不过，这样的机构数目非常有限，它们的运行也受到制度的多重限制。在这种情况下，缺乏住房消费能力的低收入外来流动人员基本上只能依靠自身的能力，去寻找住处，建立自己（及家庭）的居住生活。可以认为，城市流动群体的居住生活秩序的形成，首先与城市的住房吸纳机制有关，同时也与特殊的法律秩序和道德伦理秩序有关。

---

① 此分类参照恩田守雄，『互助社会論：ユイ、モヤイ、テツダイの民俗社会学』（恩田守雄，2006 年）。

② 各种民工公寓都是以企业雇员的身份和相关条件，才能申请入住其中。

二、生活者的故事

这些年,“城市居、大不易”早已成了一个尖锐突出的社会问题。一方面,是都市大开发背景下的中国城市“住房私有率”“住房空置率”的惊人数字不断被提及,①与此同时,在几乎所有的大中城市里,都生活着数万到数百万不等的居住贫困者,他们既买不起商品住房,也无法享受到政府的住房保障、住房福利待遇,甚至也不容易合法地租到一间住房或一张床位。在此,我们试图以公开出版调查报告的方式,让读者了解我们在调查过程中的所见所闻及所思,从而让更多的人从中了解,在我们的城市中,各种居住生活贫困者,特别是各种各样的外来人员——他们正在这座城市工作、生活、纳税、求学、求医或寻找新的生活机会,是如何寻找他们赖以歇息的一席之地的。

是的,一“席”之地。对于许多人说,“住房”是家的载体,是地位、财富的象征,是生活的港湾……而在这本书中,读者将会看到,在另外许多城市居住者的生活里,“住处”是什么——对于人数以百万计的、月收入一千几百元②到三四千元不等的职员、劳动者及其他们的家属来说,这座城市中那些数万元一个平方米的商品房,千元一间、几千元一套的租赁房,乃至数百元、数十元一张(甚至几分之一张)的床位,③到底意

---

① 根据建设部公布的《2005年城镇房屋概况统计公报》显示,中国住宅私有率高达81.62%。具体参见新闻报道《城镇房屋概况统计公报:住宅私有率过高的隐患》,http://tj.house.sina.com.cn/n/2006-07-05/091631768.html。与住房私有率数据的讨论相伴随的“住房自有率”得到了广泛的讨论,具体参见新闻报道《中国“住房自有率全球第一”真相调查》,http://news.sohu.com/20060705/n244108622.shtml。

与此同时,另一相关数据“住房空置率”也被广泛讨论,但因统计方法的问题尚未得出相对权威的数据,相关讨论请具体参见新闻报道《简单谈谈上海房地产市场和住房空置率的真实情况》,http://newhouse.sh.soufun.com/2012-10-16/8767689.htm,以及《中国告别住房短缺时代了吗?》,http://epaper.dfdaily.com/dfzb/html/2013-04/18/content_759417.htm。

② 按上海市人力资源和社会保障局2013年3月28日《关于调整上海市最低工资标准的通知(2013)》,上海市自2013年4月1日起,月最低工资标准为1 620元。

③ 读者将在后面的记录中看到,不少打工者是利用工作时间错位而两人合租一张床,有的大床甚至是四人共用一张。

味着什么?他们为了得到一个可以躺下休息的地方,需要付出什么样的努力?

关于当今中国各种住房贫困群体艰难的居住生活现状,我们曾看到一些学者出版的有关“城中村”等流动人员聚居区的调查,还有像廉思出版的以大学毕业生为对象的调查实录《蚁族》,加拿大记者道格·桑德斯以各国迁移群体为对象的报告集《落脚城市》(其中有对中国流动人口居住生活现状的记录和描述)等等,类似的报告曾引起社会广泛的关注和讨论。而除这些以外,其实还有许许多多的研究者,曾对城市中的迁移群体及各类居住贫困群体的生活做过调研,不无可惜的是,他们的调查通常被当作“学术研究的素材”,最终可能被加工制作成了各种“数据”“图表”“模型”或“引文”“注释”,被附在了项目报告或学术文著之中。

社会科学研究者如何才能深入了解生活者的真实状况,又是否应该将人类正在承受的生活疾苦如实地传达给公众社会,这是学者需要思考的问题。这些年来,我曾带领学生调查团队作过一系列城市社会调查,并编辑出版了几本社会调查实录。这样的研究实践在今天中国的大学里、在学术界,该如何去定位?又或者我们的调查方法或学术完成度存在哪些欠缺?类似的反思一直伴随着我的研究,不过种种疑惑并没有让我根本怀疑这一类工作具有的意义。事实上,在听闻我们所作的本次居住生活调查后,一位法国社会学教授曾热情地告诉我,在20世纪90年代初,法国社会学家布迪厄也曾将他组织的法国社会住房保障政策的大调查的调查实录,整理、编辑,最后公开出版了《世界的悲惨际遇》(*La Misère du monde*)一书。①后来我也了解到,布迪厄在他的社会田野调查中,不仅曾出版过调查实录,而且还拍摄、保存了大量的现场照片。在谈及自己的调查及其记录方式时,布迪厄曾对主流的学术体制作出过直截了当的批评:“我不停地维持摄影与我的目标的关系,我从来没有忘记我的目标是关于人的,我所持的目光,自然都是带有情感,很感性的,如果我不怕谬误的话。这就是为何我不停地进行访谈和观察(我的每个研究项目都是这么开始,不管什么主题),而官僚主义的社会学者的惯例,是仅仅接触到调查员的调查记录,并且,不同于最胆怯的人类学家,他们没有机会看到被访

① 布迪厄主编之大部头合著,巴黎:Seuil出版社,1993年。英译本题为《悲惨世界:当代社会的社会苦难》(*The Weight of the World*: *Social Suffering in Contemporary Societies*)。

者,也看不到他们当时的环境。”①《世界的悲惨际遇》以采访实录的形式,通过大量一手的、详尽的生活细节,让无数读者看到了法国社会中各种弱势群体遭受的种种悲苦命运,对法国社会的变革带来了重要的影响。②这样的先例,足以示范后学,对我们的工作无疑是一种激励。尽管我们也曾困惑:在今天我们这个社会中,我们以有限的笔触所记录的这一个个城市寻梦者的生活故事,真的还能触动到谁,或进而能改变一些人的命运?

但是,唯有他们的状况,才是衡量我们这个社会重要的参考标准。愿读者诸君能听到书中人物的心声。

三、延伸的研究

在这项调查活动中,课题组成员在集体讨论、合作调研的同时,也致力于在田野调查中自主地确立各自的问题意识、展开独自的研究。在随后的论文写作中,课题组大部分成员从对居住困难者的生活的了解,追寻到他们的生活逻辑,或规制他们居住生活的城市体制、生产劳动制度、生活管理制度,以及他们为了维护自身居住生活结构而展开的行动等等。他们后来撰写的论文虽然并不都是集中分析或诠释城市贫困群体的居住生活,但是对于读者了解我们调查对象的生活形态,以及制约人们生活的社会结构,无疑会有所帮助。虽然我们这部书稿并没有将这些论文一一纳入,但课题组成员的学位论文或专题论文多已在相关大学网站、学术网站上公开,读者若有兴趣,或可依据下列信息找来一读:

《服务业生产政治与劳动者道德生涯》(黄莺)

作者在探访城市中心城区的各种旅馆、合租、群租房的过程中,对那些工作在高档消费场所的女服务员的生活状态和劳动形态产生了研究兴

---

① 《皮埃尔·布迪厄,阿尔及利亚影像:一种有选择的相似性》(*Pierre Bourdieu, Images d'Algerie. Une affinite elective*),翻译:姚瑶。

② 《世界的悲惨际遇》出版后在法国轰动一时,成为许多社会民主运动人士的案头必备读物。参见朱国华:《布迪厄摘要》,http://www.douban.com/group/topic/17263931/?type=like。

趣。在后来的研究中,她借助于国内外文化研究的诸多理论视角,对女服务员的生活逻辑作出了解读。

论文首先分析了社会主义时期中国城市中的城市服务产业兴起的社会背景以及发展逻辑。同时,基于对城市女服务员的民族志调查资料,从劳动者而非消费者的角度出发,考察了服务业的生产政治及劳动过程。研究发现,娱乐服务业的劳动主体规训过程有着明显的性别化机制。通过外貌整饰与女性气质的强化,她们被调教成怎样的人。在具体的劳动过程中,情感劳动和美学生产构成了服务业核心的劳动生产机制,由于职业的流动性以及工作中的竞争,服务业工人并未形成共同的主体认同或集体话语,内部的争斗反而巩固了管理者的控制力量。此外,职业身份的被污名化也影响了个体的自我认同与道德叙事。经由戈夫曼的污名化理论和角色丛理论视角,发现在服务行业工作的女性常常会陷入多重角色扮演以及角色冲突的境地,个体能够通过信息控制、区分不同自我以及观众隔离的方式,达到自我调适的目的。但是,这种调适也会有失灵的可能。维持不同自我的道德边界会受到挑战并移动,从而使个体处于自我分裂和自我放逐的风险。由于较低的职业声望和污名化的职业身份,劳动者一直在寻找逃离和改变的可能。

《异地农民:嵌入与空间政治》(邓梅)

在对各种流动群体的居住生活的调查中,作者最后选择以调查对象中居住在“菜棚”中的农民为研究对象,探讨这个外来群体在上海因何选择了租地种菜这一行业,而“菜棚”在他们的生活中,扮演着什么样的角色。

中国城乡二元结构以及东西部经济发展的结构性不平衡,让流动成为主流,诸多大城市中外来人口已经超过本地户籍人口。关于流动的方式,邓梅更愿意从他们与“乡”和“土”关系来区分,主要有“离土不离乡”“离土又离乡”以及“离乡不离土”。本文的“异地农民”这个群体,一方面对应着的是“本地农民”,另一方面对应着所谓的“民工”群体。一方面,与“本地农民”相比较,他们的农民属性在“城市”“异地”现实情境下,已经不同于传统农民(peasant)的概念,不再是一种集合身份与职业的混合体,而转变为一种单纯的职业,也就是一种“农业工人”。进行这种区分非常重要,因为他关系到该群体与土地、市场的关系的变动。另一方面,与“民工”群体相比较而言,按照孙立平教授对“农民工”这个概念的解释,他并不仅仅是一种职业，而是一种职业和身份的混合物。“农民”是他们的身份，“工”代表他们的职业。“异地农民”的农民身份属性仍然体现在“家乡”的城乡序列中。本文的问题意识产生于，在流动成为一种主流之后，“离乡”或者“离土”就是很多人必定要经历的一种生活方式，那么本文想探究的就是，他们“离乡不离土”的行为逻辑是什么？构成他们这样选择逻辑有多少是宏观经济以及制度环境建构下的生存空间？又有多少是他们主动参与生产城市另类空间？他们在城市中的生存会经历什么样的不同于一般民工的空间政治？一方面，通过田野调查，作者更愿意将他们的逻辑建构为一种波兰尼笔下的“嵌入”的实现，实施着对城市与市场的一种无声反应，“为了孩子”与“为了房子”作为他们实现家庭生活的关键因素，使这个群体在城市务农过程中实现一种波兰尼笔下的“嵌入”。另一方面，城市的空间政治依然存在着，在努力尝试“嵌入”的时候，城市连同市场，对他们实行着空间治理。城市政府依赖的制度空间，市场依赖的资本空间，都在一定程度上反抗着他们的这种尝试。而就是在这种双向运动中，一批批外来者创造着城市奇迹。

《宿舍规训体制与权力再生产：学生宿舍的日常生活秩序——以上海市 H 大学为例》(张波)

基于对交通集散地廉价房屋租赁市场、医院周边地区家庭旅馆、高校借宿群体等的调查，作者最后选择以高校宿舍体制作为硕士论文的研究主题。

寄宿制是近代以业中国高等教育的办学模式，且成为大学乃至诸多中小学校的有机组成部分。在此种承继性模式下，宿舍管理的合法性与正当性并未受到质疑。在教育研究的历史长河中，宿舍的研究也并未引起教育研究者的足够重视，且既有研究多为“应然性研究”，其批判性研究仍然较少。延续福柯的权力规训体制及国内外宿舍劳动体制的研究逻辑，作者试图探究学生宿舍的管理体制，对学生宿舍这一场域进行技术性解构，以此将学生宿舍这一“隐没的地带”带回到现代教育社会学的学术话语中来。文中，以大学的郊区迁移以及后勤社会化为背景，集中通过宿舍的物理空间、学生角色及社会关系对规训权力的再生产过程，揭示现代意义上的“宿舍规训体制”。到此，进一步地，借助学生宿舍的几种常见违规行为，进行了价值意义上的解读。只有通过对权力规训后的宿舍日常生活与学生的违规行为进行阐释，才能构筑全面的学生宿舍日常生活秩序。文章就宿舍的规训体制及教育的技术性统治进行了反思性回顾,以此较深入地理解本文所探讨的问题。

《住房拆迁运动中上海老产业工人群体“翻身感”的重构》(章晶晶)

由这项关于居住生活的调查,作者关注到“居住生活”在维系国家—工人关系中的作用,并进而探讨了居住生活演变与工人的翻身感之间的关系又是如何被建构和延续的。

“翻身感”是论文的研究对象,通过这个概念来分析新时期下老工人群体与国家关系的存续问题。通常来讲,老工人的“翻身感”在新中国成立以来逐步建立,而在改革开放之后的下岗、退休中,这一阶层已经逐渐消亡,这一感受应当逐渐消失。然而,阶级分析却很少涉及在同一时期下与每位老工人关系密切的住房改革和“拆迁运动”。实际上,住房对于老工人群体而言,尤其是在当今上海这个“房荒”和“地段”优劣显著的城市,它既是居住、家庭生活必需的空间,又是财产、身份的“主要象征”。一定程度上讲,拆迁运动后上海城市住房体系的形成促使出现按照房屋产权性质和居住地段划分的“阶层”,而老工人在其中的地位也决定了其“翻身感”的基本结构。上海的工人拥有住房的过程却是十分复杂的。这不仅直接表现在老工人群体的翻身感上,也同时反映了城市政府与老工人群体的关系转变。本文通过社区个案选取,访谈研究的方法,对拆迁前、中、后三阶段的老工人进行访谈,发现“翻身感”不仅是拆迁的结果,更是贯穿始终的“线索”,它同时在拆迁期待、拆迁争执和拆迁叙事中产生重要影响。翻身感实际上是新中国成立以来国家与老工人群体维系的最重要的“纽带”之一。

《亲密关系和经济理性的相遇——城市动拆迁背景下的上海市家庭房产权纷争研究》(王娜)

在对上海市居住生活救助制度和各级政府的救助站作实地调查的同时,作者对世界各国城市住房保障制度和无家可归者救助制度作了梳理和研究,在此过程中,她关注到城市开发体制对于人们的居住生活的影响,尤其是城市住房政策的变化(特别是动迁安置政策的多变)对于市民的个人—家庭关系带来的深刻变化。

家庭研究在个人、国家及社会等研究领域中似乎并不受瞩目,大概因为社会在独立于家庭之外的公共领域出现,同时,众多作者以社区,市场、国家、市民社会等为研究对象也使家庭研究似乎至于研究边缘。随着城市化、工业化的推进,城市社会面临着剧烈的城市化更新和变迁,市场在人们经济社会活动中的影响力日益扩展,也在家庭生活中占有重要地位。这些在不同程度上使得家庭经济关系、家庭生活、价值观及家庭亲密关系等发生了深刻变化。论文以上海为例,将家庭置于社会结构、国家视野内部,在国家和城市政府层面,也就城市开发和动拆迁补偿政策跟家庭房产权纠纷的发生、展开及纠纷解决等体现的相关和互动关系及其背后的运行逻辑进行阐述,发现多变的城市动拆迁及其补偿政策,政策实施运作中的多样性和模糊性,复杂的房屋产权关系以及多重的家庭问题等相互交织,使得在城市动拆迁背景下,家庭房产纷争的问题更加突出。本文亦对纷争中的家庭成员间亲密关系和经济理性进行研究,希冀发现两者的相遇在家庭成员互动中的呈现和运行机制。当亲密关系和经济理性相遇时,家庭成员在房产权纷争中的表达策略、家庭在动拆迁补偿中的咨询诉求及遭遇的诉求困境,以及在应对家庭处理房产权纷争面前遵循的公平观原则也将一一展开论述,并发现家庭成员在面临亲密关系和经济理性困境的同时,并未将两者严格敌对和隔离,而是在将两者相互联系的基础上,展开权利、责任的平衡和匹配。家庭成员在解决纷争时遵循一定的公平观和“家和万事兴”的共享价值观,并积极寻找有效的价值资源为自己的利益诉求寻找支持。

《“旧区改造”中的都市利益关系与市民行动的逻辑——上海的个案》(罗国芬)

本文描述了发生于上海的一个城市空间故事:一个有关旧城区的基层居民要求改造居住空间、改变居住条件而不得的社会事件的过程。这个故事揭示了政府在城市改造工程中的原则,同时也修正了不少城市研究者关于中国市民维权主要限于应对性维权的定论式观点。这项研究以事实说明,城市居住者的居住贫困问题,并不只是个体或家庭的经济生活能力所导致,而往往是城市更新规划、土地开发体制等等结构性因素所规定。在这过程中,市民无法参与到城市开发的正式程序中来,也难以有效地表达自己的权益诉求,进而直接影响空间资源竞争规则的制定,这些都是造成他们居住生活困境的真正原因。如何构建一个使得城市基层居民能够充分、有效地参与都市规划与利益共享的机制,是转型时期中国城市社会不得不着力解决的重要问题。在理论上,本文对“都市利益”概念进行了提炼和分析。

《动迁居民行动的“集体性”研究》(卫伟)

本文基于对一个动迁地块的居民集体行动的调查，探讨动迁居民团结和分化的制度背景及行动逻辑。在房屋动迁过程中，为了维护住房利益、实现居住生活目标等等，居民的“维权行动”大量发生。虽然现有的法律和政治制度严格限制市民的组织化行动，但与动迁相关的两项基本制度——“家庭户”制度与“地块”制度——却构成了居民行动群体内部“家庭户、地块”之间分化与团结的动力；与此同时，在行动实践中，它们又不断地接受着行动者们的行动重构，在制度—结构与行动实践的互构中展现了行动“集体性”的具体形态。

动迁居民只有在“家、户”团结的前提下才能实施各种行动策略，而面对国家的政治维稳体制，城市开发体制的“地块”也为集体行动提供了合法社会空间。“地块”是以“地块户口”为边界构成的封闭性的行动集体，跨“地块”边界的联合行动将面临政治风险。广泛存在着的跨地块的社会联结只能以隐蔽的方式存在。也因此，以“地块”为名义发起的集体行动，是“家庭户”与“地块”间的结构性分化与团结的动态过程与结果，是一种行动主体为争取最大行动空间的努力。本文在理论上对“家、户制”和“集体性”等概念作了规范化的定义和深入的探索，并从制度分析、行动分析等各个层面阐述在当下中国城市开发体制和政治制度下，市民团结及分化的实际可能和深层限制。

《流动群体的生活互助及其道德秩序》(陈映芳)

作者在多年来的研究中注意到，与东南亚、拉美以及非洲的贫民窟现象相比较，中国各地迁移群体的居住生活有一些较为明显的差异特征。在中国，迁移群体虽然普遍生活在城市贫困社区中，但他们的生活秩序尚没有崩溃。考虑到中国有两亿多流动人口，他们得不到城市政府的住房保障，甚至也得不到雇主的住房扶助，我们所能看到的城市迁移群体的居住生活秩序或许可以称为一种“社会奇迹”。作者依据近几年组织的有关城市迁移群体居住生活的调查素材，探讨了当今中国城市社会中居住贫困群体的居住生活秩序是如何形成的。几十年来，在市场化、城市化以及消费社会快速形成的过程中，社会失序、道德危机等一直是中国研究中引人注目的议题。而与此同时，一些自生的社会秩序也在悄然形成。在空前规模的社会大流动中,数以亿计的农民及各类贫困群体在社会流动中顽强地建立他们的生活秩序,并构建起生活互助、共生协作的社会网络。在此过程中,一些由他们共享的规范伦理得以形成,并赢得了社会普遍的理解。

第二部分　概念、议题和路径

从社会调查到社会学研究

——关于“征地农民”的调查研究

一、关于“城市化”

在当代的中国，从政界、学界到大众传媒，“城市化”是一个倍受注目的大话题。

“城市化”在今天的中国，不仅是由政府规划并倡导实施的一个国家目标，它还是一种意识形态（所谓意识形态在这儿主要是指具有一贯性及逻辑性的表象、主张的体系），它由国家及各级政府组织所担当，并被广大社会成员所内化。客观上，作为意识形态的“城市化”一方面为作为国家目标的“城市化”提供了思想资源，另一方面它又在国家目标与社会成员的行为态度之间架起了桥梁。

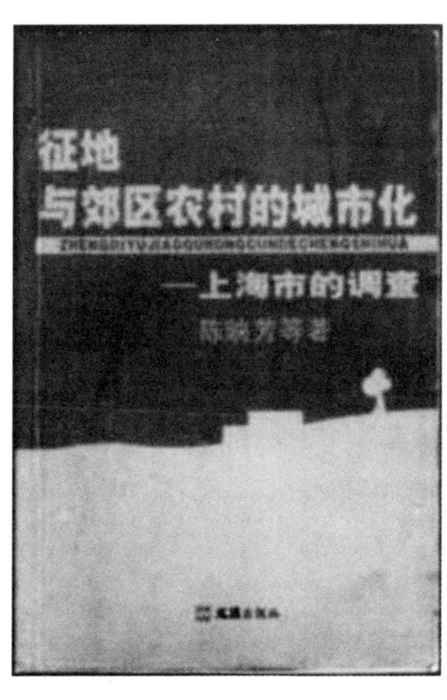

说到“城市化”的正当性，我们不能不提到它的思想的、理论的重要源流之一——发展观点。在近代以来的中国社会中，发展观点一直担当着驱动社会、引领思潮的动力源泉的重要角色。由“落后—挨打”的民族记忆沉淀凝练而成的“朴素真理”——“发展是硬道理”，早已成为人们广泛认同的观念意识。如同“富国”“强国”目标当初曾被面对外敌入侵的弱国的人们视为无可选择的目标一样，在今天，“提速城市化”也被人们看作解决中国“三农”问题，同时让经济更上一个台阶、实现现代化大目标的无可选择的选择。即使是对强调“经济效率”的主张保持警觉的社会学家，面对数亿中国农民的生存现状，也很难对今天“城市化”的观念和目标简单地提出否定的主张来。

不无悖论的是，目前中国的农村、农业、农民的问题，其实正是在发展观点的框架下形成的。半个世纪以来，因了国家发展大目标的需要（如城市发展的需要、工业积累的需要等等），中国选择并一直维持了城乡二元结构式的社会体制，农业被要求（被规定）承担起了原始积累的重任，农民被限制在土地上、农村里（这原是反城市化的）。中国的农业终于渐渐地陷入了困境。到今天，“三农”问题成了关心“公正”价值以及关心“效率”问题的人谁都无法回避的严重社会问题，于是，同样以发展观点为思想之源的“城市化”又成了必要的选择，其正当性和迫切性显得毋庸置疑。

就概念而论，本来，与“产业化”、“社会现代化”相区别，“城市化”概念所涵盖的，应该包括：(1)人口、生态的侧面（形态的侧面，人口的集中、空间的凝离、土地利用的功能分化等）；(2)社会结构的侧面（专业分化的发达、地缘血缘关系的稀薄化、团体参加的多样化等）；(3)生活结构的侧面（构成生活的诸要素，以及这些要素间各种关联的变化，城市型生活意识、生活方式、生活目标及手段等的形成和扩散）；(4)社会意识的侧面（城市型性格的形成）。但我们今天看到的有关“城市化”的概念注释、观念主张甚至政策导向，却多朝着人口、经济方面明显倾斜。“城市化”被简单地解释为人口学的过程，被等同于产业化，或者被解释为城市的扩展和再开发。人、社会以及生活、意识等方面的内容被忽略了。

与此同时，在现实中，“城市化”被演绎成一场自上而下的、规模空前的经济性运动。在这场运动中，其命题本身的真正意义到底如何？它的实际方案会包含些什么，其实施过程中又会发生些什么？它可能给社会带来些什么样（多样性）的结果？等等。

如果我们不是从“城市化”被赋予的正当性出发来对这场运动的必要

性之类作出评价，而是从对社会事实的确认出发来考察目前这场城市化运动，那么，有些问题是不难注意到的。

在现有“城市化”的运动模式以及中国土地制度的背景下，对农民集体土地的动用是以行政征地方式进行的，所谓行政征地就是政府以行政命令的形式将土地征收，用于基础设施建设或工业、商业开发。这样的土地征用，对于农民而言，具有强制性的特点，即他们不可拒绝。根据我们的调查，在征地过程中，程序的合法化、规范化，农民权益的保障，被征地人员的工作安置、生活保障等等，都存在一系列问题。而被征地地区的城市化、被征地人员的市民化等也没有被很好地纳入“城市化”的指标中。

二、征地与郊区农村的城市化

在城市化的议题中，郊区农村的城市化有着一些较为特殊的内涵和意义。一般来说，郊区农村的城市化首先在以下两个方面会有别于一般农村地区：(1)由于它紧邻城市、行政上隶属于城市，农民的非农化程度就可能高于其他农村地区，农民的生活方式也会更多、更直接地受到城市的影响。(2)在城乡结合部，城市的扩展会造成区域性的农村城市化。就像有的研究者所指出的那样：

近郊城乡结合部的农村，是我国城市化进程中最活跃的地区。此类地区的城市化进程，除具有城市化的一般规律外，还有很多特殊性。比如，城市化不必是这些地区自身工业化的结果，而是城市扩张的直接结果；农民在这种城市化进程中的被动性；农地全部被征用，农村村落成建制地被划归城区；对农村原集体经济组织的直接冲击等等。也因此，近郊结合部被有的研究者称之为“被动城市化地区”①。

这种说法点出了城乡结合地区城市化与一般农村城市化之间所具有的某种性质的不同。但是，郊区农村的城市化事实上是由多重内容重合而成的。即如郊区农民的职业非农化，起码是在三个层面发生的：(1)郊区农村本身对非农产业的投入，使部分农村劳动力实现了职业的非农化；(2)作为农民个人行为的职业非农化(包括进入城市就业或在本地从事各

① 张文茂：《郊区城市化进程中农村经济组织调整的若干问题探讨》，《城市问题》1997 年第 3 期。

种非农职业);(3)由土地征用而造成的农民非农化。即使在被征地的地区,对农村城市化的“被动性”的确认也并不容易。面对城市的扩展、土地的被征用,农民的态度是复杂的,客观上的强制性、被动性与他们主观上的期望等交织在一起。

同一般意义上的农村城市化相比较,征地导致的郊区农村城市化起码有两个突出的不同:首先,被征地地区农业人员的非农化,是结构性的非农化。同城市中下岗工人经历的结构性社会流动一样,被征地人员的非农化也是一种结构性的社会流动,他们职业、身份的转变具有一定的被动性、强制性,是在被规定的情景中经历这种转变的。其次,他们的非农化带来的城市化,是区域性的。他们的居住地虽然可能不变,但那不再是原来意义上的农村,那儿的区域形态及其共同体、社区、生产组织、行政系统等将发生变化。

此外,除了农民职业、身份的非农化以及郊区生态的变化外,被征地的郊区农村的城市化还涉及其他一些内容:(1)生活方式的演变,郊区居民(这儿包括郊区农民和非农居民)的生活与城市居民的生活的差异将越来越小。(2)郊区社区的杂居化倾向,一方面随着城市商品住宅区向郊区的蔓延,城市人会进入郊区(城市郊区化与郊区城市化的合流);另一方面外来人员租住城乡结合部的情况非常普遍、突出。(3)社会结构的变化,如家庭形态的变化、近邻关系的稀薄化、传统共同体的解体等,这些变化是农民非农化可能的结果,而杂居化倾向必然会加速这种变化。(4)郊区居民意识的变化,包括生活意识、权利意识,以及社会性格等。

但是,在现行的政府征地政策的框架中,征地问题主要被设置为经济补偿的问题、生产关系调整的问题。至于被征地地区的社会组织的演变、被征地人员的社会生活及社会需要的变化等等,各级政府的应对工作还普遍滞后于实际的需要。换言之,郊区的城市化在目前主要被想象、设置为经济的和人口的城市化,而与社会的城市化、人的城市化相关的种种问题,还没有引起政府及一般社会的足够关注。

即使是经济的补偿和生产关系的调整,现行的政策到底是否适应社会各系统的变化状况和被征地人员的实际需要,也存在着诸多的问题。按现行土地管理法律制度规定,除了乡村基础设施建设、乡村企业建设和农民住房建设外,在农用地改变为建设用地时,必须采取征用方式将农村集体所有土地转变为国有土地。土地征用是指国家为了公共利益需要,依据法律规定程度和批准权限,强制性地将集体所有土地转变为国家所有，并给予合理补偿安置的行政行为。在国家与农民之间，作为对被征地农民的补偿，农民身份、职业的非农化曾是行之有效的方式。20 世纪 80 年代以前，凡被征地的生产队，可按被征地数量，给一定人数的农民转变户籍身份，使其享受与城镇居民一样的福利待遇，并安排其进厂成为正式职工。在城乡差异十分突出的时期，由征地而非农化，曾是农民理想的归宿。在 80 年代，非农化依然是政府对被征地人员的一个基本的补偿性政策。按照 1987 年 9 月上海市人民政府制定的《上海征地包干办法》，被征地人员的户口可转变为非农业户口（身份的非农化），与此同时，被征地劳动力由征地单位或基层政府进行多渠道的安置。但是，由于近十多年来，随着郊区的经济发展及农民生活水准的提高、劳动力的市场化，一方面身份转变的意义发生相应的变化，一个户口具有的代价已经不足以补偿土地（以及房屋）对于农民具有的价值。另一方面被征地人员的工作安置也成了一个普遍的难题。

三、本研究的意义

本研究的直接契机是上海市行政法制研究所委托我承担的“上海市集体土地征用制度社会调查”的课题研究。作为该所的“上海市集体土地征用补偿制度研究”的一部分，我们的调查注重于制度与农民发生的关系。

从一开始，通过这项调查，除了调查并说明征地制度的实施状况及其存在问题以外，深入了解郊区农村城市化的实态，一直就是我的一个学术企图。所以，从课题组成立起，我们就致力于提出与征地相关的一系列社会学的问题意识：

——国家的制度文本在农村、具体而言在征地过程中是怎样被具体化的？

——农民是如何来应对这样一个对他们来说意义重大的事件的？

——失地离土对农民意味着些什么（身份、职业、社会位置的变化）？

——征地对农村社会结构（家庭、共同体等）变动的影响。

——征地涉及的被征地人员的权利、意识等层面的问题，等等。

当然，在实际的调研过程中，课题组成员们结合自己的探讨兴趣，对问题作了一些调整和补充。但课题的整体框架大致围绕这样一些主要问题。

说到本研究的意义，首先要提到的是，这是对作为一个综合的社会过程的城市化情形所作的实证性研究。针对目前学术界侧重于将城市化理解为经济的、人口学的过程的倾向，本研究综合考察了被征地人员及其家庭、社区的实态，关注从结构到意识各个层面的问题，并结合社会学的理论、参照国内外学术界的相关研究，对问题作出我们的说明。我们可以看到，征地这一社会事件引起的社会变动，涉及从个人到社会的各个方面。而郊区农村的城市化，是在各种错综复杂的社会关系的互动中、在各种利益群体的博弈中被逐步推进的。

其次，这项研究是以上海的郊区农村为研究区域的，这使我们的研究具有了一些特殊的意义。历来，关于城市化，不少人认为，关键的问题在于经济的发展。只要有了钱，什么问题都会迎刃而解。但从上海的情况我们看到了新的问题：无论是产业化水准还是综合的经济实力，上海在中国都可算是一个“发达”的坐标，但是，近年来，征地在郊区农村引发了一系列的问题，成为郊区社会矛盾的一大焦点。这一情况促使我们在经济因素以外，思考并探寻问题背后的复杂因素。

其中，最突出的问题之一，在于农民的出路问题。很多研究者倾向于认为：城乡二元结构是全部问题的症结所在，即户籍制度是阻碍农民社会流动的主要障碍。但是我们的研究发现，在农民获得“非农业”的户口以后，他们依然很难实现预期的上向流动。在制度性限制被取消后，个人的自身条件和社会资源、文化因素以及现实的就业空间等等，都可能构成他们实现职业流动的障碍。

此外，人们一般认为，农民变为城市居民，主要是职业和身份的非农化过程。而我们在研究中意识到，农民的市民化，并不仅仅是由政府单向地“给户口”“给保障”这么简单的事情。它是一个双向互动的过程，涉及人们生活方式、权利意识等的演变，以及相应的社会行动。

最后，需要特别指出的，是政府在郊区农村城市化过程中扮演的角色的问题。在征地过程中，对被征地人员的经济补偿、劳动力安置、生活（住房）安排等等，是政府应该承担的职责。本研究对政府职能部门和基层干部如何操作相关程序等作了探讨。我们的关心在于政府如何能在征地过程中减少、制止对被征地人员的权益侵害，并在被征地人员重建生活、重建社区的过程中承担相应的职责。

如何理解“城市社会”?

一、“城市中的社会”或“社会学的社会”

城市研究是跨学科的研究领域。新世纪以来,与中国城市发展的迅猛势头相仿,中国的城市研究在相关的各学科中迅速兴起,成为横跨文社理工各科的一门新兴显学。在学科发展的背后,有地方政府或各种经济集团的城市开发需求、城市管理需求,也有大学内部的学科扩展需求,当然还有学者自身探索问题、参与过程的冲动。但是,仔细考察中国多学科的城市研究领域,我们不难注意到,在我们的城市研究中,实际存在着“城市”与“社会”分离的问题。

中国城市研究的主要学科

学　科	研究对象	研究内容(例)
经济地理	作为增长机器的城市	经济的增长,形态的扩张,大城市、超大都市、城市群、都市圈
规划/建筑	作为人类容器的城市	作为物质形态的空间、建筑、交通等等
人口学	作为人口集合体的城市	人口流动、群体结构、户籍/社保制度等制度
城市/人文地理	作为空间形态的城市	空间结构、住房状况、行政区划、文化产业
社会学	城市中的社会	农民工、社区、社会分层、市民社会
文化研究	作为符号系统的城市	符号研究、消费研究、全球资本批判
历史学	历史中的城市	城市史、城市化史、城市社会史、城市文化史

在中国,以原有地理学、建筑学为基础延伸出来的经济地理、城市规划、行政区划、人文地理、人口学等学科已成为城市研究领域中的主干。

与此相对照，社会学的城市研究，在方法上虽然多以现实中的城市作为调查田野，但内容上较多地关注社会群体或具体的社区或制度结构等，其研究对象与其说是“作为社会的城市”，不如说是“城市中的社会”。

身为社会学者，我不无遗憾地看到，社会学者在今日城市研究领域处于相对边缘的地位。这一方面与城市政府对专家学者的需求取向有关，另一方面也与社会学者自身的种种局限有关。相对于地理学出身的研究者，人文社会科学的研究者对社会事实的空间性缺乏把握能力，这常常被用来说明社会学城市研究的现状。这种解释不无针对性，却失之偏颇。事实上，自古典社会学开始，城市社会就一直是社会学最重要的研究对象。就如韦伯对于东西方城市社会的阐释，不仅具有将城市形态与社会结构作整体主义分析的视角优势，其比较历史社会学的研究方法，以及有关城市类型、城市社区等的观点命题，也为后学者提供了“将城市视作社会”的基本参照。而在齐美尔等社会学家那儿，城市社会、城市生活的基本特性其实就是社会学者了解现代社会、阐释现代性的最重要的切入点。更不用说，从芝加哥学派（象征了现代社会学正式兴起的学术共同体）开始，到当代新城市社会学，城市社会的空间形态、空间结构、社会事实的空间性以及城市间、社会间的网络结构等，一直也是社会学者赖以建构社会事实，说明社会结构、生活方式的重要的观察角度和分析维度。

即便如此，现当代社会学的主流学者，一方面，显示出对结构的偏好和对社会事实的历时性的有意无意地忽略（躲避），另一方面，也任由空间性在社会学研究中逐渐地流失——社会学在当今城市研究领域的边缘化，不仅是中国的学术现象，亦是国际学术界的现象。这种情况多少与当代社会学自我“科学化”“理论化”的倾向有关，对数理模型、逻辑等的迷恋，让社会学者逐渐丧失了观察研究城市社会形态、城市生活方式等的本来优势，而满足于对由社会学者自己建构定义出来的各种群体、结构、关系等（“社会学的社会”）的说明，或者就索性一头扎到为政策制定提供服务的应用研究领域。

二、“空间”“土地”“人口”概念在城市话语中的过度扩张

中国城市社会研究领域的情况，当一些社会学者意识到“城市化”“城

市发展”过程中存在种种问题需要研究时,他们多半倾向于将问题设置为具体的社会系统或社会行动等的问题,或者以社会学的中观理论去探讨诸如“社会分层”“社会网络”“社会资本”等问题,而较少对意识形态及国家目标展开反思。与此同时,在操作层面社会学者也较难将社会问题设置为“城市的问题”。

当然,类似的学术现象,也存在于中国其他学科的城市研究领域。这些年来,将城市片面地视为物质形态、空间结构,抑或是经济增长机器等城市视角,现实中迎合了政府及资本对空间资源、土地资源、人力资源、规模效应等经济开发需求(它们的开发价值被政府官员和开发商、企业主精确地计算),在学术话语中则导致了“空间”“土地”“人口”等概念的过度膨胀。城市中的一切,被想象、定义为无社会主体、无历史文化积淀的经济资源,城市土地上的一切都可以被推土机快速地铲平,那上面的人、家庭、邻里社区都可以被简单地驱除。在城市作为“空间”(space)、“土地”(land)被不断开发、更新的过程中,城市作为“地方/场所”(place)、“社会”的属性,所蕴含的社会主体、历史传承,以及有机的社会及其生活、文化等等,遭到粗暴的排斥。不能不认为,除了强势的政治经济逻辑之外,空间、土地、人口等概念的过度扩张,城市的地方性、社会性的被空洞化,也导致“作为社会的城市”“作为社区的城市”的概念在中国的城市研究中无所凭借、难以展开的困境。

这不只是城市研究的学科局限或藩篱阻隔所致。其实我们不难看到,在国际学术界,批判地理学、新城市社会学等已为人们提供了种种反思城市主义、研究城市社会演变的思想资源和理论视角。“作为社会、政治、文化系统的城市”的城市概念如今早已普及,“为了社会、为了人类生活”的城市观及其学术参照,也不是问题。我们需要的,是对学者立场的自觉,以及实践的勇气。

城市社会研究中的国家论

这些年来，我的研究题目之一，是从中国的经验来看城市发展与国家—社会关系演变的关系。与当下许多社会科学的实证研究一样，我遇到的困惑、质疑主要来自两个方面，一个是西方理论范式在本土的适用性问题，另一个是对现实的判断。

国家—社会关系的理论范式这些年被许多学者引用于对转型社会的研究，包括之前苏联东欧社会主义国家的剧变，威权国家的民主转型，以及发展中国家的经济、社会转型等。而中国学者从“市场经济开放必然带来社会发育”这样的预期，到关注国家—社会关系的种种问题，与其说是理论先行，倒不如说是基于对现实问题的解释需要所作出的反应。这一点，我曾在对不同阶层利益表达渠道、机制的研究过程中有所体验。

一方面，问题是，既有的国家—社会理论被认为隐含着一些既定的立场和方法论前提，如国家与社会的对立性以及二元论倾向等，它适合中国的社会实情吗？对于本土经验与理论范式的关系问题，我曾在不同场合作过一些回应，并以专文作了讨论。而随着研究的展开，我还意识到，社会学者如何把握国家—社会关系，其实还涉及了“社会学的国家论”究为何物的问题。在知识系谱中，社会学的国家论通常被置于自然法的国家论的对立面。自然法的国家论从政治哲学的角度，关注国家的应然的属性，而社会学的国家论关注国家实际是什么。在这样的对照中，社会学的国家研究往往被认为是保守主义的、功能指向的。

但是，作为思想资源、学术资源，社会学的国家论被今天的新马克思主义者和新韦伯主义者一再激活，这本身说明了它的丰富性和生命力。(1)社会学的国家论具有现实政治指向，它关注现实政治(而非政治哲学、自然法国家)。(2)社会学的国家(state)概念，侧重关注国家作为政治权力系统的一面，它的属性、功能、机制，有助于学者围绕国家展开政治的、制度的、权力合法性等问题的研究。政治现代化作为现代化的核心问题得以在方法论层面确立。(3)在对现代化理论的反思中，国家(state)在没有西方市民社会传统的国家的“现实的(实际的)现代化”过程中扮演的特殊的、关键的重要角色,越来越成为研究者关心的问题,这恰恰是社会学者面对本土现实性需要作出的回应。(4)社会学的国家论与自然法国家论的关系,并不如一些论者所归纳的那样,是相对立的。韦伯社会学国家论的展开,蕴含着对于市民团体自治意愿的正当性的肯定,社会学者以市民社会传统为参照展开国家研究、国家—社会关系研究,亦可以被视为对自然法国家论作出的某些呼应。而韦伯政治社会学中有关国家合法性、强制性、暴力手段独占等性质的分析,它们在今天国家研究中的运用实在不是“保守”或“激进”所能区分界定的。

另一方面,我在学术实践中也意识到,人们对于现实的国家—社会关系的判断差异,不仅源于政治哲学、意识形态层面的分歧,也涉及对经验的了解,以及对理论工具的把握程度。当我们基于对市民行动的调查,强调法律和政治制度正在限制社会成长的时候,另一些学者却基于对社会主义工业城市衰落、大型国企转型艰难等的经验调查,强调国家应该重新介入。也有同样从事业主维权行动研究的学者,以市民往往不相信司法程序而更愿意找政府解决问题这样的经验事实,作出了市民需要“国家”、需要“政府”这样的论断。此外也有年轻学者在对经济适用房的研究中,发现部分市民对于购买经济适用房与政府共享产权这一点,非但不排斥,反而非常认同……在我看来,学者研究结论呈现的各种分歧,不是证明了哪一种理论范式才适用、哪一种观点才正确,而恰恰是社会科学研究者面对如此丰富、复杂的社会现实,必须去投入的学术实践。任何理论都有其特定的价值和局限,每个社会都蕴含有普遍性和特殊性。正是通过上述这些不同学者的研究,才可能逐步认识到,我们正面对着“国家权力”“国家能力”“国家责任”,以及“国家认同”等不同问题及其复杂关系,每一个面向及问题都需要深入细致的探讨。“国家”存在于与社会的关系中,存在于人们的价值观念中,它也是城市社会研究者必须持续面对的一个课题、一个基本的分析维度。

“权利”应该成为核心议题

——房地产维权行动研究反思

一、从房地产维权行动研究中的瓶颈现象说起

新世纪以来，农村征地、城市动拆迁、郊区“拆违”……有些城市政府所依赖的种种发展方式及治理手段，在现实中不仅引发了一些激烈的社会冲突，其正当性、合法性也倍受质疑，但让研究者深感无力的问题在于：现实中那些对农民、市民的权益和生活，以及对社会生态带来种种问题的制度和政策，至今没有被中止的迹象，而学术界关注征地农民、动迁居民维权行动的研究，却已经显露了颓势——大量重复的经验研究，在理论上少有突破性的深化和提炼，难免让人们开始“审题疲劳”，有些学者已经开始变换议题，也有的学者干脆主张国家—社会关系等一些西方理论范式不适合中国。

这样的现状实际上意味着某种学术危机：社会学等社会科学研究者并不能如历史学者那样，仅以解释过往社会的演变机制或发现历史规律为其学术宗旨，他们还需要从可视的或不可视的现实世界中挖掘题材、构建故事，以自己的方式参与到社会过程中去。当我们对某些现实问题及学术议题失去探究热忱和建构冲动时，很可能是因为我们缺乏应有的想象力，或者是因为我们身为观察者却同样身处研究对象的结构体系之中，且对此缺乏自知或缺乏反顾自身的能力。

而从另一角度来反思我们的研究，或许我们需要重新审视我们的关注点。这些年来，“政府改革的动力在哪里?”这一问题一直是中国政治学界的讨论议题。与此类似，不少社会学者一直在致力于发现：推动制度变革的社会力量在哪里? 20 世纪 90 年代以来，中国知识界在自身渐渐淡出政治中心场域的同时，曾经历了“市场改变中国”“新兴中产阶层改变中国”等社会发展期待的失望体验。与此同时，随着工人下岗以及城市、土

地开发的兴起,基层诉求权益的事件大量涌现。在此背景下,不少社会科学研究者自然而然地开始将推动制度变革的期待寄托到“基层的行动”上,“维权行动研究”随之成为一个倍受注目的研究领域(当然也有一些维权行动研究者关注的是“维稳”目标)。也就是说,围绕农民和市民在征地、动迁中的种种行动,各种研究从一开始就承载了远超出当事人土地房产权益之上的种种沉重命题。

二、对相关研究的学术叙事倾向的反思

在我看来,围绕农民、市民的“维权行动”,这些年来起码在以下两个方面,相关的研究者投入了极大的热忱:一是发现“社会联结的可能”;二是向政府提出政治风险警示。

1. 学术界对“社会联结”的期待,与对 90 年代以来社会转型过程中的“社会原子化”趋势的担忧以及现代市民社会的想象直接有关。这其中有一个颇具特色的学术现象,就是在对各种“维权群体”的集体行动的调查研究中,包括我在内,无论研究者是否有意将相关的行动定义为“社会运动”,实际上美国和欧洲的各种社会运动理论被广泛地运用到了中国的维权行动研究之中,如集体行动逻辑理论、资源动员理论、机会结构理论、政治过程理论等等。这样的研究固然跟社会科学研究对理论范式的倚重有关,但也可以被视为一种“为社会事件赋予意义”的学术实践(基于对“社会行动生产市民社会”的确信),而且在学者缺少直接介入社会行动基本条件的社会环境下,这种方式也不失为研究者扮演多样社会角色、推进社会演变的途径之一(当然也有一些研究者已经开始以行动研究的方式介入到各种维权行动中)。

但是不可否认,就总体而言,以“社会联结”为想象、期待的观察与研究,是有可能游离于行动者自身的遭遇和行动目标之上的。被强制征用祖传宅基地和集体所有的承包地,被拆迁房屋、搬离原有社区等事件,所有这些,对当事人到底意味着什么?对所在社会的价值体系、道德规范、社会生态、社会心理,以及对当事人的实际生活、对他们的家庭关系等,造成了什么样的影响?他们真实的所欲、其维权行动的复杂意图和实际代价等到底是怎么样的?这些对政策对象及行动者本身至关重要的问题,在学术界的“维权行动研究”中反而可能成为依附于社会发展宏大命题的

次级议题。

不能不说，无论是“为了学术发现的研究”还是“为了发现社会的研究”，社会科学研究者（特别是实证研究、社会政策研究者）如何能真正进入“当事人群体所遭遇的问题”中，从当事人—事件之间的不可分割的有机关系出发，去了解（或韦伯意义上的“理解”）制度及其事件对相关的人、对相关的社会的意味。这应该被理解为社会科学的重要原点，也是研究者可以对制度提出批评，并激发起制度变革力量的有效途径。

2. 另一个问题，涉及有关“底层政治”的学术叙事。以对底层问题的调查研究，向决策者提出政治风险的预警和制度改革建言，这是学术界常见的叙事方式，通常也是学者在扮演专家角色时的重要工作内容。当面对制度设置的缺陷、利益表达渠道不畅或基层权力越轨等问题，而研究者又缺少以价值规范的理念力量去参与决策时，他们往往只能以对可怕后果的预测，来督促权力调整法规政策。我在自己的一系列研究中，也曾引入“社会风险”等概念和理论范式，试图说明既有制度之弊端或政策运用之失当可能引发的社会危机和政治风险，据此向政府提出改革建议。

然而这样的研究，本质上具有以秩序为目标、以功能为着眼点的功利主义倾向，在现实中，它也蕴含着诸多的问题。首先，这样的问题建构方式，多少沿袭了传统中国政治哲学中“水可载舟、亦可覆舟”的民本思想，同时还可能合理化了中国政治文化中的某些结构性紧张。

事实上，所谓政治风险，除了可能拖延一些开发项目的工程日期，或以极端事件造成一定的舆论效应，对于政府，多只表现为对基层政府形成一定的政绩压力，或给高层增加一些政治警觉，它们实际所能造成的，往往不是对基础性、根本性制度的冲击，而恰恰可能是地方政府维稳力量的增强，以及职能部门治理技巧的一步步精致化（如国内外一些学者指出的，维权行动客观上已经成为体制调整的一种有益机制）。一些地方由房地产开发引起的此起彼伏的激烈的维权行动既没能扼制开发的势头，也没能改变相关决策机构任性、强势的姿态，即是明证。在这样的社会背景下，学者基于复杂的情感和意图对基层社会政治能量或秩序破坏力的过度预估，在客观效果上，对民众的权利状况和生活状况的改善，未必是有益的。

也因此，我以为，当下中国知识界更需要的学术叙事，应该是包括公平正义原则、基本权利乃至人道主义等在内的价值规范叙事，而非一味退而求其次的、充满功利色彩的功能主义叙事。

三、回到当事人的问题：维护什么、如何维护

现实中，纵观这些年来全国各地围绕各种土地开发、城市开发项目的农民和市民的维权行动，我们很少看到真正能阻止开发项目上马或行动者获得诉讼成功的例子（主观上一些行动者亦可能是不反对城市开发、城市更新项目，而只是希望能提高安置、补偿标准）。对此现象，在我们的调研以及学术界呈现的一些文本中，通常可以看到当事人（包括政府方面）会将行动者能否“抱团”“闹大”，解释为行动目标能否达成的重要因素。

一方面，维权行动者在群体内部较难维持团结、在公众社会也不容易获得广泛的呼应，这些固然与政府强大的“维稳体制”直接有关。但另一方面，行动团体如何能凝聚其内部的“共同性”，同时将共同体的权益诉求运作成为具有公共价值的社会议题，这些确实是行动者面临的难题。在社会学看来，所谓“共同体”，在传统型的社会中，主要以血缘、地缘等社会联结为基础，以封闭性、累积性等为特征，是人们赖以生存、生活的基本单位，在其中人们共享价值规范、风俗习惯及情感等等。而在现代社会中，随着各种传统共同体的解体或功能衰落，以及社会的个体化，“个体间的承认”被视为人们结成共同体的基本要件。与之相对应，在生活领域，市民如何作为自主的责任主体，基于共同/共通的行动目标（政治性），重新结成共同体，这成了现代城市社会建设的一个重要课题。从理论上讲，除了群体的行动目标，它需要以某些共同性（如地域、族群、阶级、阶层等）为基础，同时它还需要以现代社会的公共性为条件（如公民权的基本保障，公共领域作为社会行动的条件等）。

就当前中国社会中的经验事实而论，与各地房屋动迁、征地运动中的维权行动的结果不尽相同，近年来我们可以看到，那些以阻止特殊产业项目上马（如 PX 企业等）为目标的反对活动在一些地方屡屡奏效。一方面，这一类行动群体往往有明确的共同目标，且由于项目可能涉及区域内的空气污染、房产贬值，甚至生命、生活安全问题，这导致“地域性”被激活，成为凝聚社区共同体的共同性基础。另一方面，这类行动以保护环

境，保障生命、生活安全及产权安全等为其行动口号，其宗旨体现了普遍的现代价值，也不难在全社会获得广泛的共鸣。

与此相对照，在今天的城市开发体制下，虽然土地的属性为国家所有（全民所有），开发项目也多以公共事业为名义，但市民缺少参与规划决策的权利及途径，且土地的属性事实上被规定为政府经营其使用权，在此前提下，市民、农民行动的可达目标，往往从一开始就被限定于围绕土地开发利益的分润规则（安置方案、补偿额度）的博弈，同时，在各种“维权”行动中，往往是被规划、开发部门划定的“地块”——而不是土地上有机形成的“地域”“社区”“家园”，成了行动群体结成的基本单位。也就是说，对于征地、动迁中的维权群体来说，他们被实际限定的行动目标，是“争利”，而非“维权”（包括地权、产权、开发权等）。而行动群体基于的共同性基础，是随时可分化的经济利益，而非真正的地域性。此外，毋庸多言，这样的团体因其诉求目标及其行动而具有了政治性，但作为政治共同体，他们缺乏合法的组织化权利和行动空间，他们与政府和开发商的利益博弈也多被移入灰色空间中展开。而且，他们往往还缺少条件和能力，能将被动迁项目地块化、家户化的“房产利益”诉求，在公共领域中扩展为能引起广泛支持的公共事件。在这样的一些背景下，行动者的利益被分化，群体的共同性被消解，是很难避免的命运①，“维权”行动的政治性亦很容易被扭曲——“权利”概念被置换掉，“以法维权”途径失效，“上访者”亦很可能陷入找不到出口的维稳系统之中。

面对上述种种问题，研究者如何能在叙事方式、问题焦点，以及理论抱负或社会责任感之间，寻找到恰当的学术路径？这是我们正面对的难题。充满社会矛盾的中国，已经成为各国意欲创新的社会科学研究者的热门田野。在这样的“田野”，中外学者应该不难找到灵感和理论想象的源泉，或许一些中国学者还能凭着对种种所谓中国特殊性的阐发，有所建

① 也有一些比较特殊的例子，在南方一些宗族力量依然起作用的乡村，农民可以成功地维护其集体土地部分的自主开发权或成功地向政府和开发商要价。不过在这类案例中，我们可以看到行动团体背后不仅有地域因素在起作用，更有血缘（宗族）因素在起作用，尤其是族权（退休返乡的族内精英人物的领导角色扮演）在行动过程中起到了非常关键的组织作用。这样的个案在中国其他地区所具有的普遍性是有限的。另外，这类以血缘为其共同性基础的行动团体，在社会的现代转型过程中，如何处理宗族间关系、如何在乡村建设公共规则，将是这类乡村共同体面临的课题。

树。但是，在本土，我们不能只陶醉于经验的刺激，也不能只享受“中国性”叙事的便宜。如上所述，有关公平正义、民主法治等的价值规范叙事，在中国学术界还远不是多此一举的；而现实社会于我们，也不只是对学术创新有用的“田野”，它们还是我们研究活动的目标本身。

社会科学如何研究“人”？

——关于问题与路径的几点思考

20世纪80年代以来，围绕“人”的问题，中国的思想界、学术界曾有数次热烈的讨论，但参与者主要是哲学、文学及思想史等领域的学者，而少有社会科学研究者。社会科学在中国恢复不久固然是一个原因，另一方面，以社会构成系统及其存在方式为研究对象、高度依赖理论范式的社会科学，如何能展开人的研究？这确实值得思考和探索。今天当我们重提人的研究，尤其希望社会科学研究者展开“以人为对象”“以人为目的”的研究，不能不就当下的问题，以及如何走出现状的可能性展开相应的讨论。

一、首先需要关注“Views of human being”的问题

人们通常不会否认，社会科学以人类社会为研究对象。但涉及“人”（human being），在中国的社会科学中，却存在一个习焉不察的现象：“人是什么?”围绕这个基本观念或知识命题，自20世纪70年代末社会科学在中国被恢复以来，却并没有经过规范的讨论，事实上也没有形成不言自明的基本共识。

现代社会科学分门别类，术有专攻、业有所长，看似各有各的学科对象和研究方法，有关“人”的定义也不例外。举例言之，具体到作为行为主体的人，政治学会将人定义为“政治人”、社会学会将人定义为“社会人”，而经济学会将人定义为“经济理性人”，类似的抽象方式已经成为社会科学的基本方法。反过来，这也意味着，在超越于学科对象之上的形而上的层面，有关“人是什么”的观念（Views of human being），似乎已经不再是现代社会科学需要去深究的问题。这样的情形，多少对中国社会科学构成了影响。但是，这其中不无误会。因为，在西方学术思想界，在社会科

学形成前后,人的问题,包括人的本质、人的价值、人与上帝的关系、人的社会联结方式等等,曾是一个首要的大问题,是文艺复兴运动、启蒙思潮的中心议题,也是近代哲学的主题之一,古典社会科学正是在对这些哲学问题的反复讨论中逐步形成的。现代社会科学,甚至现代社会哲学、现代法哲学、现代政治哲学等等,之所以较少围绕人的一些基本问题展开讨论,是因为一些命题已经成为社会常识,或已经构成现代国家的合法性基础,而不是它们不重要。以法学为例,人格问题是法学的核心问题,也是法哲学的核心议题,但是现代西方法学和法哲学却很少讨论人格。对此学术现象,研究法哲学的李锡鹤教授认为,这主要与西方社会演变和知识发展的某种历史性错位有关:西方思想家在为人的原始权利呐喊的时候,心理学和哲学的发展水平,还不能科学地阐明思维和意志现象,当时的思想家实际上是无法揭示人格的本质的。而当心理学和哲学的发展水平可以科学地阐明思维和意志现象,西方思想家可能揭示人格的本质的时候,人格平等已经成了西方法律的根本原则和全社会的常识,揭示人格的本质已经不是西方社会的迫切任务了。①类似的学术现象也存在于其他学科。

尽管如此,在今天世界各国的人文社会科学,“Views of human being”依然是一个具有普遍意义的基础性概念,也是一个时时被提及的思想、学术命题。我们经常可以在不同学科的学术刊物中看到与此相关的问题讨论。例如当社会学者意图建构与人的行为、人的认同等相关的社会问题时,当社会保障、社会福利研究者面对该将什么样的人纳入救助对象这样的问题时,或者当人文社会科学研究者面对人工智能与人的主体性之间的关系这样的问题时,学者不能不一次次回到有关人的属性、人的价值等基本问题上来。近年并有一些学者提出了“New views of the human being”的命题。

回到本文的问题,在中国的人文学科和社会科学中,关于“Views of human being”,首先,我们似乎还没有一个贴切的中译概念。中文文献中偶尔可见有学者使用“人观”一词,但显然并不普及(本文也尝试使用该概念)。②其次,Views of human being 也没有成为中国社会哲学、社会科学

---

① 李锡鹤:《论作为主体资格的人格》,《思想战线》2005 年第 3 期。

② 在日文中,views of human being 被译为“人間観”(即“人观”。日文“人間”意指“人”,而非中文的“人世间”)。

的重要议题。在中文的语境中,有“人的本质”(human nature)、“人性观”(view of human nature)、“人生观”(view of human life)、“人类观”(view of humankind),以及“人格”(personality)、人的尊严(human dignity)、“人道主义”(humanitarianism)、“人的异化”(human alienation)等概念的普遍使用。但是,围绕这些概念及问题,虽然哲学、法学等领域有不少研究,但甚少形成知识界共同关注的命题,或为社会所共享的观念。涉及当下中国经济发展、社会转型过程中与“人的状况”“人的行为”等直接相关的大量现实问题,社会科学界也极少从“人”的角度来提出问题、讨论问题,更鲜见有从“Views of the human being”出发来建构新的学术议题。

二、在对“人”的认知中,中国社会科学存在两个突出的倾向

现实中,人的问题始终是当代中国的核心问题。不能不说,自 20 世纪 80 年代社会科学在中国恢复以来,一些历史性的错位已经形成。在社会学,除了有学者已经指出的,存在着理论范式、研究方法与中国现实间的错位问题以外①,在对人的认知方面,同样存在诸多的尴尬。启蒙在中国,曾一次次地被中断,这无疑构成中国知识生产的重要背景之一。而在哲学层面,当 20 世纪八九十年代社会科学在中国恢复发展时,哲学界和思想界有关人的问题的相关讨论,却因为种种原因失去了进一步提出问题、探索问题,并向社会科学输送问题意识及理论资源的契机。事实上,当中国经历社会大转型时,中国社会科学并没有如西方古典社会科学那样经受社会哲学的洗礼,而直接地与西方现代社会科学甚至西方后学形成了机械的嫁接,并迅速地应用化、体制化。

与此同时,关于人的属性,在中国社会科学学科化的过程中,有两个

① 沈原指出“重建的中国社会学由此而陷入一场深刻的悖论之中”,它造成的错位主要包括:在问题意识方式,面对巨大的社会转型,却遭遇“后现代”思潮,接受了强调“碎片化”的思维方式;在理论和技术方面,本来应当发展出有能力把握剧烈社会变动的理论和方法,但却接受了最适合于测量稳定社会的理论模型和技术手段,并且逐步将之奉为主流。参见沈原:《“强干预”与“弱干预”:社会学干预方法的两条途径》,《社会学研究》2006 年第 5 期。

观念获得了特殊的地位:一个是经济学的人观。在经济学原理中,“人”被理解为依据经济原则(欲望无限、效用最大化)、从事理性行为的“homo economics”(“经济人”),在发展经济学中人更被预设为后发国家重要的经济要素。这样一些观念随着90年代以来经济学,特别是发展经济学在中国学术界的迅速扩展,对社会科学的人观及知识体系形成了特殊的影响,并在当代中国深入渗透到一般社会的价值体系和各种制度中。人作为可以被无限驱动的消费者,或作为“劳动力”、“人力资本”,成为种种利益目标的手段,而不是目的本身。①

另一个具有特殊影响力的人观是“中国人”概念,它主要源自文化人类学。将“人”类别化(categorization),这原是社会科学理解人、研究人的重要方式。作为将人加以类别化的社会依据,人的各种集体身份——包括阶级、性别、种族(民族)、年龄、地域、政治、语言、宗教、职业、教育等的身份,是社会科学在抽象的“人”及总体的“人类”之外,区分具体的人的社会属性、解释人的状况及行为的主要的分析工具。与社会科学其他学科不尽相同,在人类学,人的国族身份以及相应的文化特征,往往被视为人最基本的属性。同其他各国的学科生态不尽相同,在中国社会学恢复、发展的过程中,一方面由于社会哲学层面的人观讨论的缺如,另一方面也由于某些具体因素,人类学的中国研究对中国社会学的本土知识建构,以及学科导向带来了特殊的影响——有关“中国人”的认知和诠释(包括价值规范、人—群关系、行为方式等),构成了社会学人观的最基本的出发点之一。同样由于人类学的影响,“中国人”不仅被理解为与“西方人”不同的国族类别,更被理解为具有内部同质性和历时一致性的文化载体。这样一种“中国人”观,在此影响下,“中国人”概念在中国的人观中拥有了某种优势地位。中国学术界普遍存在一种倾向:当面对中国社会中的人,研究者在将其理解为作为社会哲学思考对象的抽象(普遍)的人,以及作为社会科学研究对象的具有各种身份、各种社会属性的人之前,会首先将其界定为“中国人”——在许多研究中,这个类别成了“人”的首位属性,甚至单一属性。在现代社会,民族、国家身份对于每个人的重要性毋庸置疑,但是这样一种具有绝对化倾向的对“人”的类别定义,可能隐含着某种对人

① 周燕玲、陈映芳:《“发展”之路:发展经济学视野下的“农民工”研究反思》,《武汉科技大学学报》(社会科学版)2016年第5期。

性的文化暴力,是我们不能不警惕的。①此外,在认识论层面,作为理想类型的"中国人",其中蕴含的某种程度的自我对象化、自我东方主义化,以及本质化、特殊化的倾向,亦需要学术界反思。

三、可借鉴的学术路径

一方面,对人的"行为"的研究,是现代社会科学,特别是社会学的核心议题,也是社会科学研究者借以建构社会问题的一个重要路径。在社会科学既有的人观中,作为智人(homo sapiens),合格的、正常的"人"通常被认为具有两个基本的属性——"社会人"和"经济人"。社会人是生物人经由社会化的结果,合格的社会人应该将所在社会的支配文化成功地内化为自身认同并遵循的价值规范,并学会扮演被期待的社会角色。而作为经济人,人的思考和行为都是目标理性的,利益最大化是人最重要的行为动机。基于这样一些认知,社会科学将"越轨的行为"和"非理性的行为"视为有关人的社会问题的主要表现形式或根源。对于这样的一些学术路径,如今国内外学术界已有许多讨论,包括对"理性人"观念的反思(如对人的社会属性的再认识、对"感性"之于人的意义的确认等),以及对传统失范、越轨理论的批判和超越。如前所述,在中国社会科学的人观中,"经济人""中国人"这些概念,长期来已经形成某种支配性地位。对此知识现象的反思,需要我们重补社会哲学的课,再次确认"人"的普遍(抽象)的属性及本质;同时致力于汲取科学和包括后现代理论在内的人文社会科学的最新成就,借以走出在社会行为研究中对理性和文化主义的偏执。②

另一方面,需要强调的是,在当下中国,人的状况首先应该被视为社会科学的重要课题。"普遍的人",甚至"多数的人"的生命、生活的状况(condition of life),以及每个人的平等权等,这些被知识界认为属于前现

① 参见[印]阿玛蒂亚·森:《身份与暴力》,李凤华译,中国人民大学出版社2009年版。

② 关于中国社会学、人类学在本土化过程中的民族文化主义倾向,美国阿里夫·德里克曾有较透彻的分析和批评。参见清华大学国学研究院编:《后革命时代的中国》,李冠南等译,上海人民出版社2015年版,第六章。

代或现代化进程中的问题,在中国都还是迫切需要解决的问题。二战以来,“人的状况”曾是西方政治哲学的重要议题,与此同时,随着学术界对大屠杀问题的追究和思考,一批社会科学研究者也对现代社会中的“非人化”现象展开了深入的研究。所有这些一方面进一步深化了有关“人到底是什么”的观念探索,同时也促使当代社会科学同哲学史、科学史上有关人性及人的族群性、生物性等一系列古老问题重新展开了对话。在这样的研究中,现代的生物学、心理学以及包括新兴的女性学、行为科学等在内的社会科学各门学科的新成果,纷纷被汇聚、运用到对人的本质的重新解释。从宏观、抽象的“现代性”,到中观的政治体制,以及微观的人的心理机制等等,一一被学者用于解释“非人化”现象和“人的状况”诸问题。

在中国学术界,“非人”“半人”这样的概念还较少被正式用于对人的状况乃至人道灾难的定义和分析中。尽管如此,在国内外既有的社会哲学和社会科学的思想资源、理论范式中,依我有限的视野所及,仍不乏相应的学术路径值得我们重视并尝试实践:

(1) 古典社会科学的路径。在工业革命、资本、殖民地以及现代国家等迅速兴起的当口,古典社会科学曾及时地回应了时代的问题。人之为人,是因为什么?现代化进程中人所遭遇的是怎样的命运……,马克思、涂尔干、韦伯、齐美尔等,早为我们作出了种种示范。重回古典社会科学,我们可望在两个层面获得调整:一是汲取认识论的养料;二是对“以人为研究主体”的方法论的再认识。

(2) 在与西方各国不同的现代化进程中,人的权利状况、人的命运如何受制于国家权力的现代化程度、受制于各类国家资本的运行逻辑?关于这些,我们有必要以发展中国家、发达国家的社会现实为参照,并从相关的研究中寻找学术资源。近年来,中国学术界已经从一些非西方国家的学者,以及有关东南亚研究、拉美研究那儿,了解、汲取了相应的学术视角和研究范式。诸如政治学、人类学学者詹姆斯·C.斯科特对东南亚农民的“道义经济学”(农民的生存伦理原则、道义观念)的研究,以及经济学家阿玛蒂亚·森的贫困问题、身份问题以及权利资格问题研究等等,已经渗透到国内实证的社会科学研究中。但是,这样的学术在中国能走多远,不容乐观。以“人”为研究对象,需要有对人性、人的权利、人格、人的尊严等受侵害的敏感,这需要研究者具备基于基本的人观而对人的现状的质疑能力。近期社会学界已经有学者敏锐地指出:像齐格蒙特·鲍曼那样的具有批判性的、道义性的学术在中国被忽视的事实,实际上折射出了中国社会学界存在的异化人本(人文)主义的现状。①

(3) 人的状况,也受制于具体社会中个体与共同体间关系的结构及其演变情况。作为具有自身社会传统和文化传统的地域社会,中国社会中的人,正遭遇包括家庭在内的生活共同体一再被解体并不断重组所带来的种种问题。面对这样的现状,中国社会科学的研究者,有必要从东亚各国的社会演变历程和学术研究中,了解并借鉴其问题意识和学术视角,借此开启我们的问题想象空间,纠正狭隘文化主义的偏差。

最后,还想提到,与人文学者的观念探索不尽相同,社会科学说到底是经验科学,研究者需要外在的对象。而当研究者以人为观察对象时,他不能不面对这样的尴尬:观察者很难自外于对象的状况之外——“人的状况”正是所有人的状况的总体。或许正因为此,我们看到,除了女性学或性别研究等研究外,在大部分研究领域,社会科学研究者通常倾向于将对象“他者”化,并在方法上加以类别化。由此形成研究者与对象之间的社会属性的区隔,同时借助各种理论视角、研究范式,对人的各种次级属性(诸如阶级性、族群性等)及其与此相关联的问题展开研究。这样的研究方法,从某种意义上讲,给研究者带来了自由——得以摆脱与研究对象一体化的自由(这样的自由对科学研究至关重要)。但同时,它也可能限制了学术探索可以到达的高度:社会科学如何能将问题引向更高层次的“人”的普遍属性——如人性,这似乎成了一个难题。对这种悖论式现状的超越,需要研究者对“人是什么”有基本的认知,同时对自身所处的状况及其研究方法的局限性有起码的自觉。

① 陈振铎:《纪念鲍曼,是为了避免中国社会学错上加错》,凤凰网文化:http://culture.ifeng.com/a/20170118/50594941_0.shtml。

法西斯的“非人化”鼓噪与虐杀

对灾难性历史事件发生机制的思考，是人类自身成长无可回避的课题。世界反法西斯战争胜利已经77年，然而，对于“大屠杀为何会发生”这个严肃的问题，没有人能说它已经被解答清楚，已经不值得追问了。

尽管暴力、杀戮历来就存在于人类历史尤其是战争中，但在第二次世界大战中，德日等法西斯国家对他们所谓的“敌人”展开的惨无人道的大屠杀，仍让全世界震惊不已。二战期间的大屠杀既有由国家精心规划、动用现代化行政系统和杀人技术的种族灭绝（近600万犹太人因纳粹德国的屠犹暴行而丧生），也包括如南京大屠杀这样侵略国有组织的大规模强暴、虐杀。

这样的人间惨剧是怎么发生的？面对这一问题，除了对具体事件的历史脉络及其发生机制作出解释外，这几十年来世界各国的学者一直在追问：作为一种道德存在，“人”如何能突破道德底线而虐杀同类？

一、侵略者为何“下得了手”

这样的问题被摆到世界所有人面前，多少要归因于一些德国哲学家的严肃思考。由于他们的工作，“奥斯维辛之后”“平庸之恶”等命题已成为当代人类思想史的结晶。而在各种相关研究中，有一个命题被人们普遍接受并持续推进——“非人化”（dehumanization，removing the humanness）。在一些学者的研究中，“非人化”概念指代制度和文化对人的异化、污辱等，例如当人不被视作具有独立价值的个体（而仅仅被视为数字、齿轮、民族典型等）时、当人被客体化（如男性主宰社会中女性所处的境况）时、当人遭到残忍和侮辱性对待时，他就是被非人化了。而在有关大屠杀及战争、暴力事件的相关研究中，“非人化”概念则主要用来说明一种关系：人之所以可以没有罪恶感地对他人施暴、施虐，是因为他能够借助“非人化”机制，将暴力对象视为低人一等的异类、别样的生物——“非人”或“亚人类”（undermenschen，subman），由此他就可以脱离对“同类”的道德禁令而为所欲为。

从“非人化”角度来解释历史，不难发现，在曾经弥漫于欧洲的反犹思潮中，特别是在纳粹的屠犹行动中，犹太人曾被视为卑劣的族群，同样，在亚洲，日本人也曾将自己视为高级人种。

在法西斯主义的洗脑教育和军队的“非人化”训导下，侵略国士兵得以将被侵略国的人民视为“非人”“亚人类”，从而没有道德障碍地实施惨无人道的暴行，就像有的士兵在战后所回忆、忏悔的那样：“我们过去把中国人蔑称为‘chancorro’，意思是比人类低等、像虫子和动物一样……中国人不属于人这一物种，我们以前就这么看待他们。”一位叫做土屋嘉男的侵略者在回忆中讲述了他如何收到命令，去刺死手无寸铁的中国老百姓；也讲述了让他服从命令的原因，他说：“如果将他们看作人类，我就下不了手……我将他们视作动物和低级人种。”

二、“非人化”为何挥之不去

在美国学者戴维·史密斯的《非人：为什么我们会贬低、奴役、伤害他人》，对“非人化”在哲学史、思想史、生物学以及社会科学的相关学术史中的渊源、脉络作了全面梳理。在此基础上，结合自己对人类历史上各种种族、民族之间的战争、屠杀和暴力事件的分析，他对“非人化”的本质和发生机制作出了解释。在史密斯看来，生物学、文化以及人类思维结构是解释非人化现象的三大要素。

今天，“非人化”这一命题之所以受到越来越多的关注，不仅是因为人们对法西斯战争历史的反思需要，还因为直至今日，在世界各国，发生于民族（种族）之间、宗教派别之间、阶级之间以及各种政治力量之间的种种暴力、杀戮事件，依然在不断发生。1994 年卢旺达种族大屠杀——胡图族对图西族及胡图族温和派实施有组织的种族灭绝，导致约 80 万—100 万人丧生。而当今发生于世界各地的各种恐怖袭击事件，更是将反人类行为演绎成日常化事件。

除了种种血腥暴力以外，各种类型的社会不公、族群歧视等仍普遍存在。在这些现象背后，我们同样也可以看到“非人化”的存在。

三、社会发展史写满的警示

一部人类社会发展史中，“自己人—其他人”“文明人—野蛮人”这样一些对人的区分比比皆是，它们曾构成奴隶制以及各种种族灭绝、殖民统治的伦理依据，也构成了现代社会各种有组织反人类暴力行为的正当化机制。但是，人们据以非人化的单位“族类”（种族民族等等），看似具有生物学的依据，其实是社会建构的产物，是政治、经济、文化各种力量以及人类思维结构等共同运作的结果。

二战早已结束，警钟仍在敲响。在当今国际思想界、学术界，从大屠杀责任追究到“非人化”研究，这些议题之所以被持续关注，是因为人们已经意识到，这并不仅仅是人类社会发展史中的偶然事件。对这些问题的思考和警示，应该也是我们今天纪念世界反法西斯战争胜利的要务之一。

如何认识今天的家庭危机?

——国家—家庭关系的视角

一、关于“家庭危机”

在2017年的秋冬季节,中国的城市,特别是几个超大城市,发生了一些社会事件,它们在主流媒体或社会舆论中有不同的具体名称,如“拆违”“虐童”等等。这些事件看似各有问题的症结所在,但它们同时让人们感受到了与家庭相关的焦虑:那些被拆的房子、被扔在寒夜马路边上的被褥和生活用具,给人以“被碾压的家”的视觉刺激,更别说孩子的安全问题了。在这里,我想用“家庭危机”一词,来描述当今中国社会中家庭的实际状况以及人们对于家庭生活安全的普遍担忧。

2017年6月,中国社会学会家庭社会学专业委员会、中国社科院社会学研究所家庭与性别研究室与宁波大学法学院共同召开了一个题为“传统与变革:跨学科视野下的家庭和家庭研究”的学术论坛。家族研究以前在学术界比较边缘化,研究的学者并不多。但让人稍感意外的是,这次全国各地来了一大批学者。据组织方介绍,有一百几十名学者自发报名、提交论文,最后经压缩,将会议限制在80多人的规模。这也从一个侧面反映了中国社会中家庭问题严重化的状况以及学术界对此的反应。

不过,在学理层面,如何将有关家庭生活的各种问题,界定为“家庭危机”,这是需斟酌的。在家庭科学,“家庭危机”(family crisis或family in crisis)概念最初主要是伴随着家庭压力(family stress)理论进入人们视野的。自20世纪30年代开始,一些社会科学研究者就开始将物理学、工程学的“压力”概念引入社会科学,用以研究外在强迫力量对个体可能构成的威胁性,以及由此产生的心理的、生活的负担,和各种危害、困境。自60年代开始,一些学者将压力概念用于家庭研究。家庭压力理论不仅关注家庭中的个体,而且将家庭视为一个有机的社会系统——外部社会的变动,包括经济的发展,社会结构、人际关系等的变化等等,不可避免地对家庭形成压力。家庭压力理论的代表性学者P.博斯(P. Boss)认为,家庭压力本质上是一种稳定的家庭系统的改变。如果变化是可预期的或被期待的,那它可能是正面的。相反,当家庭受到的压力及其可能产生的后果是不确定、不被期待的,那它就可能是负面的。而家庭危机,在一些学者看来,它是因压力而形成的决定性的转折点,危机蕴含着变化的各种可能性(复杂性及双面效果性,即既可能导致某一家庭遭受严重创伤,也可能为一个家庭提供成长的机会)。也有的学者将那些不被期待的压力及其后果理解为家庭危机。①换句话说,家庭危机主要被理解为具体家庭在面临各种相关因素变化时,可能发生的负面的转变过程。这一理论也由此衍生出了应对(coping)、家庭韧性(family resilience),以及包括危机管理、资源管理在内的"家庭压力管理"的一整套概念和理论。与这些理论相关联,今天在各国政府机构及社会团体中,我们可以看到不少以社会心理学、社会工作等为专业化背景的家庭压力、家庭危机管理的援助机构。可以认为,有关家庭压力、家庭危机的理论,对于促进今天各国家庭政策、家庭支援体制的建立,具有切实的意义。

不过,这样一种家庭危机理论及相关的应对体制,一方面,可能受到来自个体主义的、自由主义的,以及建构论等家庭观的质疑。另一方面,即使站在维护家庭价值的立场上,如何从更为综合、宏观的角度,去理解并应对家庭压力及家庭危机?这是需要研究者不断拓展的课题。此外,涉及与家庭生活相关的社会问题,在世界各国及各种学科中,它们实际上已经被分解到诸如"人口问题""生育率低下、少子化""高龄化、独居老人""晚婚、不婚""孤独、无缘"等不同的问题类别中。在这种情况下,作为一个社会问题类别的"家庭危机",它是否还有其无可替代的意义空间?也就是说,这一问题类别的建构,在现实中是否具有保护公民生活的意义?同时在学术层面它是否有利于我们进一步理解社会变动逻辑的可能性?

---

① 参见Yoav Lavee, "Stress Processes in Families and Couples", G. W. Peterson and K. R. Bush (eds.), *Handbook of Marriage and the Family*, Springer Science & Business Media, 1999. Sharon J. Price, Christine A. Price, and Patrick C. McKenry (Posthumously), "Families Coping with Change: A Conceptual Overview", Christine A. Price, Kevin R. Bush, Sharon J. Price, *Families & Change: Coping with Stressful Events and Transitions*, SAGE Publications, 2015。

这些亦是有待学者思考的问题。

二、“东亚的家庭危机”：有关国家—家庭关系的政治经济学

几十年来，有关婚姻、家庭生活的各种问题，越来越成为各国学术界和政府共同面对的重要课题。我们不难理解，家庭系统的种种变化，因为直接影响到了人口结构、劳动力供给等关系民族繁衍和国家经济实力等重大问题，这导致在原本以个体价值和自由主义为现代性主要特征的西方各国，家庭价值开始复兴，政府也纷纷推出由国家支持家庭生活、家庭发展的各种家庭政策。然而颇具讽刺意味的是，在家庭主义历来被视为重要文化传统，甚至被尊为国家意识形态的东亚各国，如今家庭危机不仅较西方社会更显突出，而且在国家—家庭关系的调整方面，也遇到了比西方更复杂的问题。

以生育状况为例，2015 年的一个统计数据①显示，在全球被统计的 224 个国家中，东亚诸国的生育率，除中国排名 186、日本排名 211 外，还包揽了全球最低四名：

排　名	国　家	生育率
186/224	中国	1.55
211/224	日本	1.40
220/224	韩国	1.25
224/224	新加坡	0.81

此外，不少调查统计的数据也说明，在日本、韩国等社会，年轻人的晚婚、不婚，老年人的独居等现象，大多已经成为突出的社会问题，以至于家庭系统的崩溃趋势成为这些社会的普遍担忧。

这样一些情况多少说明了，对于社会变动过程中家庭系统的负面转变，东亚社会的传统家庭价值观的防御功能是有限的。换言之，对东亚社

① 此数据来源参见：https://zh.wikipedia.org/wiki/%E5%90%84%E5%9B%BD%E7%94%9F%E8%82%B2%E7%8E%87%E5%88%97%E8%A1%A8。

会的家庭危机状况的说明,需要有另外的角度。在有关韩国社会状况的研究中,不少学者注意到了国家发展过程中家庭伦理和家庭功能被过度压榨的问题,包括对家庭实施剥削的福利制度,以性别偏见为基础的工业化,家庭化的产业治理,对教育的过度追求,等等。这其中,韩国社会学者张庆燮不仅敏锐地从国家与家庭的关系的角度出发,解释了为何在一个有着家族主义深厚传统的国家,家庭会陷于种种困境。同时他还自觉地将韩国的家庭问题,理解为一个“东亚的”问题,他将其称为“东亚暧昧的家庭危机”。①在此之前,他已经提出“压缩的现代化”的概念,作为解释东亚各国家庭危机及社会危机的分析工具:作为一种追赶型的现代化,亚洲国家实际上将西方国家两个阶段的过程(即经济、政治、社会和文化的现代化过程,以及个体化、风险社会、全球化社会的过程),压缩成了一个阶段,这是一个在时空上被极度浓缩化的过程,诸多的社会危机由此产生。②

韩国学者的这一观点,在日本得到家庭社会学家落合惠美子的热情呼应,后者对“压缩的现代化”的理论作了论证和补充,并依据具体数据,更为细致地对东亚各国作了类型区分:她将韩国等东亚国家的现代化定义为“压缩的现代化”,而将日本的现代化定义为“半压缩的现代化”。以此为框架,她对日本的家庭危机的深刻背景作了进一步的分析,其中涉及了家庭作为私人领域与公共领域的分离,以及女性被限于家庭私人领域,家庭成为国家的下位单位等问题。③在韩国、日本学者这些充满批判性和反思性的研究中,国家在推动经济发展过程中,对家庭意识形态和家庭制度实施操作和利用的功利性,得到了充分的揭示。

在具有家族主义传统的东亚各国,家庭系统为什么会陷入似乎比西方社会更为尴尬的境地?从国家与家庭的关系变动逻辑来分析,不难看

---

① Kyung-Sup, Chang “Individualization without Individualism: Compressed Modernity and Obfuscated Family Crisis in East Asia”, *Transformation of the Intimate and the Public in Asian Modernity*, *Asian Studies*, 2014, pp.37—62.

② Kyung-Sup, Chang *South Korea Under Compressed Modernity: Familial Political Economy in Transition*, Taylor & Francis, 2014.

③ 参见 Ochiai Emiko, “Reconstruction of Intimate and Public Spheres in Asian Modernity: Familialism and Beyond”, *Journal of Intimate and Public Spheres*, 2010, 3。落合惠美子编,『親密圏と公共圏の再編成—アジア近代の問い』,京都大学学術出版社,2013 年等。

到，在东亚各国，民族主义和现代国家的兴起，大多曾以对家族主义的批判和对家庭制度的再造作为重要手段。在此过程中，家庭不仅在价值地位秩序中跌落于国家之下，在现实中，也难以避免成为国家治理的手段的命运。

三、解决问题的迫切性和复杂性

一方面，如前所述，由国家支持的“家庭政策”制度，是世界各国应对家庭危机最重要的手段之一。

而在东亚各国，“家庭政策”的推进，与当初压缩型现代化历程有着颇为相似的特征——它表现为由国家主导的、追赶型的过程。面对人口危机（及其经济风险和社会风险）的来临，各国政府开始为家庭重新赋予价值。如新加坡，为了应对生育率的急速下降问题，①2004 年，甫一上任的总理李显龙即在国庆演说中，提出了家庭第一的价值观，把“家庭价值”视为政策重点，号召要将新加坡打造成为“友善家庭的环境”。

但是，家庭观的调整，甚至家庭政策的启动，并不意味着家庭的状况即可能得到快速的改变。如果说东亚各国、各地区家庭危机的形成，是“被压缩的现代化”或“半压缩的现代化”的伴生物，具有时空结构的规定性，那么，它的改变，也必然受到现实社会结构的限制。以韩国的家庭福利体制为例，有调查结果显示，实际状况的变化，明显滞后于民众福利观的改变——相比于 1981 年，2010 年的韩国人已经极少希望由家庭成员来承担赡养老人的责任，他们在这方面的观念与同时期的日本人、美国人并没有什么区别。但现实中（2010 年），韩国仍有一半多的老人在接受子女的经济援助，这个数字超出了日本和美国的 40 多个百分点。②这个调查数据从一个侧面说明，在东亚各国，老年人同样处于个体化的社会进程中，他们对依托于市场的经济生活自立，以及依托于公民—国家关系的社会保障，抱有与西方、日本社会中的老人相似的愿望。但现实中他们仍难

① 新加坡 2004 年的生育率从 2003 年的平均每一妇女生 1.24 人跌到了 1.05 人。

② 参见金香男，「韓国における老人扶養の変化と老人扶養政策」，『同志社社会学研究』，No.4，2000 年。

以摆脱家庭福利体制的束缚,以及对子女养老的依赖。联想到中国的情形,我们不难理解,既有的家庭福利体制不仅包括国家和社会对老人公共服务产品的供给不足,还包括福利体制对父母自我养老能力的过度汲取——父母的自我赡养资源被各种有形和无形的制度要求用以对成年子女的教育、购房、成家,甚至被强制性地用以对孙辈抚育、教育的援助。

另一方面,当我们试图以"东亚"为视角和分析框架,来认识各国面临的家庭危机时,我们又必须对"东亚"内部的差异性有足够的意识。联系到今天中国的家庭状况,我们同样可以认为,"高度压缩的现代化",正是导致中国家庭价值跌落、国家与家庭之间关系急剧变化的重要因素之一。这些也构成了家庭福利主义成为国家倡导的意识形态、家庭成为国家治理的重要工具等现状的深刻背景。但是,中国还存在着与其他各国不尽相同的问题——中国具有特色的福利制度,已经镶嵌于一整套社会体制中,其中包括市民社会权供给体制和行政管理体制。

中国要缓解已经出现的家庭危机、人口危机,仅靠开放生育限制政策,是远远不够的。由国家对家庭生活及家庭发展提供援助的"家庭政策"的出台,在中国已经迫在眉睫。与此同时,国家还需要对国民社会权的供给体制实施重大的变革。

“种族问题”是种族的问题吗？

从“Black Lives Matter”(“黑人生命珍贵”)，到佛罗里达州道格拉斯高中校园枪击案引发的反对持枪运动，人们讨论的关键点总是不离“种族”。然而看待种族问题，不能仅仅将眼光停留在黑人的种族身份上，而应该在社会经济结构和广阔的历史时空脉络中理解其多重身份的处境。本文结合美国研究种族问题的最新成果，为超越单一肤色问题、综合理解美国种族政治和价值观念提供了参照。

一、先从几个关键词说起

作为一个并非研究美国历史或种族问题的学者，要想理解美国的种族矛盾，不是一件容易的事。但种族问题，尤其是黑人问题在美国是如此突出，书店、图书馆中，到处有整架的书进入浏览者的视野，有关民权问题的各种宣传招贴以及各类艺术作品更是包括博物馆在内的各种城市公共空间的重要主题，不由得人不关注。

(一)“黑人生命珍贵”

2012年2月26日，17岁的黑人少年特拉文·马丁(Trayvon Martin)在佛罗里达州桑福德被社区的白人协警乔治·齐默尔曼(George Zimmerman)认为形迹可疑，经尾随和争执，最终协警开枪将马丁打死。次年7月13日，佛罗里达州法院作出判决，协警被宣判无罪。枪击事件及这一判决引发了佛州的暴乱和全国范围的抗议。在随后几年中，伴随着一系列的导致黑人丧命的警务事件的发生，“Black lives matter”在网络上成为一个具有国际影响力的黑人平权运动。

（二）“圣路易斯历史中的种族”

黑人民权运动的组织者除了致力于揭示、控诉黑人遭白人歧视的现实，还通过对美国种族问题历史的持续重构，来积聚社会运动的道义资源。在左岸网站(left-bank.com)的一份“黑人生命珍贵阅读目录”中，所列的八十来本书，这样的种族压迫、种族平权历史，大致被分为“民权历史”“当代民权议题”“探索种族的小说和故事”“警察和监禁”“圣路易斯历史中的种族”这几大类。“圣路易斯历史”一词，让不谙美国地方史的我心生好奇。之后初步了解到，这个地处美国内陆中心地带的密苏里州东部大城市，因在国内战争后和 20 世纪初有大量黑人迁入，是一个重要的黑人聚居城市(黑人占总人口的比率 1910 年是 6.0%，60 年代为 26.8%、2000 年达 51.2%)。在这个城市，包括在中心城区和郊区，白人与黑人之间的矛盾冲突，特别是种种形式的种族歧视和隔离，不仅造成严重的城市社会问题，还直接导致人口的大量外流(从 1950 年的 86 万人下降到 2015 年的 32 万人)，以及城市的迅速衰落。

显然，这份参考目录的设计者，意图通过对圣路易斯这一个具有典型意义的“麻雀”的解剖，让人们了解美国种族关系的演变脉络。事实上，“圣路易斯历史”在美国完全不是一个孤例，甚至也算不上种族歧视的极端个案。在 2011 年一份由密歇根大学公布的美国十个种族隔离最严重的城市的排名中，圣路易斯仅位列第七。

（三）“为了我们的生命！”

2018 年 2 月 14 日，美国佛罗里达州道格拉斯高中发生枪击案，一批学生迅速行动起来，他们在网络上、公共媒体上、集会上发出了强烈的声音——“够了！”“再也不！”他们要求国家立法控枪，以此扼制校园枪击事件的发生。为此他们与全国步枪协会(NRA)的发言人和一些政界人士面对面展开了唇枪舌剑的公开辩论，最后他们还发起了全国规模的中学生大游行，各地学生纷纷走上街头，并从全国各地聚集到首都华盛顿——“为了我们的生命而游行！”(March for our lives!)举行了由上百万民众参与的大型集会。

这一次，道格拉斯高中的学生代表还自觉地将种族问题带入了生命安全议题——他们指出，这一次枪击案之所以受到全社会的高度关注，是因为这所中学地处富裕社区，而遇害学生主要是白人，而他们希望能利用自己拥有的这一种“白人的特权”，让世人关注到那些被社会长期忽略的遭枪击的黑人学生，以及美国的枪支暴力问题。由于这些学生领袖的努力，最后，在3月24日的华盛顿集会上，11岁的非裔女学生、在弗吉尼亚州就读五年级的考特琳·阿林顿(Courtlin Arrington)代表受枪支暴力侵害，但被媒体忽略的非裔学生，在大会上发表了演讲。此外，活动组织者还请来了马丁·路德·金的孙女尤兰达·芮妮·金(Yolanda Renee King)发表了公开演讲，这位9岁的小姑娘说，她梦想有“一个没有枪支的世界和时期”。

从“黑人的生命”到“我们的生命”，学生将枪支暴力问题从种族问题扩展到了所有人的生命安全问题，这一方面让声讨枪支暴力的运动具有了跨种族的意义，同时却也揭示了美国种族问题背后更为复杂的社会根源。

二、种族问题的社会根源

如何从跨种族的角度来讨论黑人的问题？这不是能够轻松驾驭的政治议题。在佛州事件的风口浪尖，身为美国首位非洲裔总统的奥巴马被记者问及对事件的看法时曾表示：“如果我有个儿子，他可能就像特拉文·马丁一样。”他直接将事件症结指向了肤色问题。总统的发言招致了警界的不满和舆论的各种质疑。一些批评者认为，存在于美国黑人居住区的种种问题和警务事件有着深刻的社会原因，总统避开社会结构的因素而简单地将问题归结为白人警察的种族歧视，这不仅不利于问题的解决，反而可能激化种族矛盾。也有一些分析家认为，相比较于当初马丁·路德·金对黑人状况背后的社会不公、社会贫困问题的关注，今天“黑人生命珍贵”组织的领导成员过度聚焦于种族关系，体现了黑人民权运动的迷茫甚至倒退。

到底是应将板子打在白人的种族歧视上，还是应该将问题归结到阶级结构上去？换句话说，一个以种族身份为基本特征的群体的社会状况，归根到底是因为其种族属性导致了阶级地位的低下，还是因为其阶级地位导致了人们对其肤色的偏见？事实上，在认知层面，人们即使对种族主义抱持警觉，或有意识地与教条式的政治正确保持距离，也很可能掉入鸡生蛋还是蛋生鸡的无解的因果论中去。

一个有效的分析视角,是跨族群的阶级论方法。白人中不乏贫困者,而黑人中产阶级的兴起,更是有目共睹的事实,甚至在奥巴马成功当选总统后,已经有美国进入了“后种族主义时代”的说法。但是,就如同制度上的政治平权并不能消灭有色人种在经济领域和社会文化层面的受歧视状况一样,黑人内部的阶级分化,也不能掩盖总体上黑人处于社会下层的严峻事实。如何解释种族类别与阶层结构之间如此突出的相关性?这构成了研究者的挑战性议题。

三、种族是由社会建构而成的

种族是兼具生物性和社会性的群体属性,这虽然可说是一个被普遍接受的人类学知识,但是,具体到那些具有鲜明的社会差异,特别是显著的阶级落差的族群以及族群间矛盾,研究者如何能对其社会性做出富有说服力的分析和解释?在这方面,一些历史学家为我们贡献了具有典范意义的研究。

值得推崇的文本之一,是普林斯顿大学历史学教授尼尔·欧文·佩因特(Nell Irvin Painter)出版于2010年的著作《白人的历史》(*The History of White People*)。作者探讨了人类有关“白色”的概念史以及白人的社会建构历史,从古希腊一直到21世纪的美国。这项全景式的研究,以二十八章的篇幅,梳理了自希腊时代以来,欧洲及美国的“白人”种族是如何形成、如何被确定的。这其中不仅有对经济发展历史、奴隶制历史、移民史等的重新梳理,还有对社会的白人观以及人种科学、人类社会学等在白人种族被建构的曲折历史中所扮演的角色的检视。作者以生动的历史事实和充满建构性的分析,说明了在最早的欧洲社会,包括希腊人和罗马人,原本并没有种族(race)的概念,也不存在按族群和阶级将人分类的情况。那时处于底层的是奴隶,而在整个欧洲历史上,奴隶通常来自被征服的欧洲国家——亦即白人社会的内部。奴隶制与种族联系到一起,是相对现代的事。在欧洲内部以及美国,对到底什么样的人是“白人”的科学认定,以及社会的白种人观念,是随着一次次移民潮以及各国的法律与社会的演变,同时在种种“人种科学”的介入下,在19世纪渐渐形成的。

《白人的历史》因其对传统种族观的冲击力,曾成为《纽约时报》的畅销书,在知识界、文化界也收获了很高的评价。而在美国史学界,类似于这样的探讨种族与阶层间关系的复杂历史的研究，还有不少。像罗伯特·戴维斯(Robert Davis)的《基督徒奴隶与穆斯林宗主：1500—1800年地中海、野蛮海岸、意大利的白人奴隶》(*Christian Slaves, Muslim Masters: White Slavery in the Mediterranean, the Barbary Coast, and Italy, 1500—1800*)一书，揭示了历史上大量白人曾沦为非洲奴隶的历史：16世纪至18世纪，曾有百万欧洲基督徒遭北非穆斯林奴役。另外像南希·伊森伯格(Nancy Isenberg)的《白种垃圾：美国四百年阶级黑历史》(*White Trash: The 400-Year Untold History of Class in America*)一书则让读者了解到，在英国历史上，曾有各种污辱性的名词被用来形容底层的白人，如“人民渣滓”等等，19世纪更出现有小册子《南方穷等白人》。底层白人曾被视为无用的“白色垃圾”。事实上，那些最早来到美洲的开荒者，有不少正是被英国政府和社会当作“不正常的新人种”而驱逐出来的底层白人，包括流浪汉、小偷、叛军、妓女等等。

四、美国黑人的命运：社会时空结构中的复合身份

黑人群体在美国，何以会整体上成为“下层社会”“高犯罪率”等的同义词？尽管在历次民权运动中，他们已经一步步获得了平等的公民权，甚至因为一些社会权的平权政策，他们还获得了比其他种族更优惠的政策照顾。

要理解这一问题，如“圣路易斯历史”(以及“芝加哥历史”等等)这样的视角，可以为我们提供一些不同于一般社会进化论或文明论以及传统阶级论的认识路径。将一个族群或阶级置于具体的社会时空中，有助于我们发现那些影响了他们命运的多重因素。

作为下层移民的黑人群体。美国本是移民社会，但与其他族群的移民史有所不同，由奴隶贩卖市场被输送到美洲大陆的黑人，从一开始，其族群的整体身份就被定位于底层移民。而在废奴运动后，他们虽然获得了自由民的身份，并开始大量迁入北方和各地工业化城市，但始终作为廉价劳动力被卷入工业化和城市化浪潮中。在美国经济的迅速发展过程中，黑人曾有数次较大规模的迁移潮——从南方到北方，从农村到城市，从一个城市到另一个新兴工业城市。作为美国社会中人数庞大、曾长期动荡不安的下层城市新移民，黑人遭受的，在一定程度上其实是我们在世

界各地的乡城移民、城市下层新移民、国际移民群体那里,同样可以看到的社会困境。

作为产业工人的黑人。由南方的奴隶主庄园,到北方的新兴工业城市,美国的黑人群体曾在劳动力市场获得种种机会。在此过程中,他们曾依靠出卖劳动力,获得了改变命运的机遇,尤其在第二次世界大战期间,由于大量白人奔赴战场而黑人不被允许参战,他们因此在工厂,特别是军事工业部门获得了劳动机会,以及相应的社会地位。但是在战后,随着白人士兵回归社会,并受到国家和社会的种种优待(包括教育、就业、住房资源分配等),加上军工产业的萎缩以及之后的产业转型,制造业工厂向海外转移等等,作为传统产业工人群体的黑人,开始遭遇失去工作机会的命运。

城市贫民区中的黑人。战后以来,郊区化,城市、道路规划,都市更新运动等等,一波又一波的土地、城市开发运动中,政府与土地开发商联手,不断将地价、房价推高,这让陷于失业的黑人贫困层因无力购房而只能聚居于旧城贫民区,或者被安置于远远隔离于中产社区的公共住宅之中。显而易见的是,空间区隔已经成为今天种族隔离的最重要的方式之一。从这个角度可以说,不是黑人造成了贫民区,而是高度分异的社会空间结构及其住房排斥,以及与此相关联的城市资源配置的严重失衡,让黑人困顿于问题社区,并因此成为永久的问题种族。①

黑人青少年。青少年成为权利弱势群体,同时又被视为潜在的问题群体,这是现代社会中普遍的世代现象。在美国,曾有社会学家的实证调查说明:不同阶层之间,青少年的犯罪率并没有显著差异,明显不同的是不同阶层的越轨青少年受到的法律惩罚的比例。其原因之一,是下层青少年的越轨行为更多暴露于世,也更可能受到司法的惩戒。此外,在现实中,黑人青少年不仅多属于经济社会的下层,而且大多身处公共服务资源匮乏而犯罪率高发的贫民区,且有很多人成长于问题家庭。这样的青少年不只是警察眼中的高危群体,也是一般民众(经由大众媒体和影视作品的影响)眼中的潜在犯罪者,而肤色和社区,通常是人们识别他们的主要

---

① 城市居住空间区隔已成为包括种族隔离在内的社会区隔的主要形式,根据《芝加哥太阳报》2014 年公布的一项芝加哥社区人口结构数据,芝加哥黑人居民比率超过 90%的社区共有 21 个,其中 18 个位于城南,3 个位于城西,这些社区中,三分之一的居民在贫困线以下,犯罪率是整个芝加哥市的两倍。

标识。

除上述这些之外，应该还能列出其他种种社会因素变动与美国黑人社会状况之间的复杂关系。问题在于，人们往往习惯于强调黑人种族的单一身份，而忽略了他们的其他身份。他们的多重身份深嵌于社会的经济结构和时空结构之中，持续地建构并强化了他们的种族属性和阶层地位。

五、价值间关系中的社会难题

虽然我们可以说美国的种族歧视、阶层分化等社会不公现象非常严重，枪支暴力也成为社会的一个顽疾，但不可否认，社会公正、种族平等、公民平权等等，这些作为社会的共享价值，很少会遭到公开的否定，民权运动的历史成果也有目共睹。只是一旦涉及公民的持枪权问题，社会的分裂清晰可见。令人颇为不解的是，尽管有关校园枪击案及警民间、平民间各种枪击案的伤亡统计数触目惊心（一种普遍的说法是每年约有 2 万人丧命于枪支暴力。另据美国疾病控制和预防中心统计，仅 2016 年就有 38 658 人死于枪支），可无论是黑人的城市暴动、“黑人生命珍贵”的社会运动，还是跨种族的一次次全国性抗议运动——如 2000 年爆发的“百万妈妈大游行”运动中，曾有 75 万母亲走上街头，呼吁枪械管制，但所有这些似乎都难以推动相关法律的改变。

公民的持枪权，在美国受到《宪法第二修正案》的保护。显然，它与国民的某些基本价值观和国家的最高准则有关。从全国步枪协会发言人以及支持公民持枪权的人的各种表达中多少可以了解到，观点的分歧涉及现代国家的某些根本性问题：国家是否可以垄断暴力？如果国家不能确保每个人的生命和财产免受他人侵害，公民个人能否拥有暴力自卫权？还有，一旦国家侵害个人生命权或财产权，公民是否可以暴力抵抗？

与这些问题相关联，除了公民的持枪权，美国许多州还立法保护公民以致命武力保护自身安全不受侵害的权利，这类自卫法著名的如公民可以在家中自卫的“城堡法”，还有在家以外地方自卫的“不退让法”。这些年来，一系列平民以武力自卫而致人死亡事件的发生，曾引发人们对法律的质疑，但基本人权和私有财产神圣不可侵犯的观念如此深入人心，以至于相关的法律被越来越多的地方所接受，从 2005 年仅有的佛罗里达州扩展到目前的二十五个州。甚至,当公众面对一些地方民兵为保护私有财产或地方利益而以武力正面对抗国家武装的事件时,也不乏理解和同情。

无论是社会基本的人权观、社会公正价值,还是公民的基本权利及相关法律,往往充斥着种种张力和矛盾。正因如此,各种社会团体的禁枪、控枪主张一直难有实质性的进展,即使是在奥巴马时期。虽然在实际的枪支暴力事件中,身处社会困境中的黑人往往是最容易受侵害的群体,但显然这个问题并不只是个种族问题。

今天美国的种族问题及其黑人的处境到底处于怎样的复杂局面?在由哈佛大学法学教授肯尼思·麦克(Kenneth Mack)和杜克大学法学教授盖-尤里尔·查尔斯(Guy-Uriel Charles)共同主编,由十二位思想家、社会学家、种族历史学家和著名评论家等参与撰写的《新黑人:美国种族已变的与未变的》(*The New Black: What Has Changed—and What Has Not—with Race in America*, 2013)一书中,这批被称为全明星阵营的知识精英、文化精英,从民权理念出发,分别对美国既有的民权运动框架,美国种族辩论的新界限,“黑人生命珍贵”运动与总统政治、政党政治的复杂关系,以及不断变化的种族格局等等,提出了种种新颖、尖锐的看法,其中讨论到的“种族政治”概念及相关理论,从政治社会学、法律社会学的视角,给出了超越黑白思路去思考种族问题的新思路——对这些问题的进一步思考,不仅需要有对黑人底层生活的深入了解,更需要有相关的学术基础,这些已非笔者力所能及。

回到日常经验，说出自己的感受

一、世博会中的“城市”

《我们的 Better City》在读者眼里，属于一本不大好归类的书，不论是体裁、叙述方式，还是作者们的身份、立场。不过它有一个并不含糊的议题：什么样的城市才算是好的城市？

因为难以归类，我们不妨就先从议题说起。

“Better City, Better Life”，很多人知道，这是本届上海世博会的主题口号——它曾被用来成功地说服了国际世博局官员和各国评审员。想来，它所包含的超越城市主义、强调市民生活为本的价值理念，应该是当初打动人的有力的观念武器。不过我相信大多数中国人对此中的曲折隐义不甚了了，让中国人对这句口号充满复杂感觉的恰恰是它的中译——“城市，让生活更美好”。中国自近代以来一直是西方知识的进口大国，翻译史上也因此留下有不少佳话或公案，这一届世博主题词从英语到汉语的高妙的语际意义转换，料想也很可能会成为一个可供后人分析研究的特殊的个案文本。这不，满城飘扬着的“城市，让生活更美好”的旗帜才刚挂出，“Better City”就被人惦记着，成了网上文化大讨论的主题。

相对于“城市，让生活更美好”的毋庸置疑式的语义结构，《我们的 Better City》为人们提供的，是另一种思考起点和讨论空间：将“城市”从不容置疑的主体、转换成了生活者可质疑、可议论的客体对象。城市作为一种人类聚落，就如乡村一样，其形态不可能必然地为生活其中的人们带来“美好的生活”，人们为着自己想要的生活，有期待“好的城市”的愿望，更有思考什么是好的城市的必要，“Better City”不应只是被用来打动洋人的漂亮口号，它也应该是本土生活者的合理诉求、正当话题。

这一次，将“Better City”放回本土语境中来的，是上海大学文化研究系的师生和一群对此主题抱有讨论热忱的网民。对他们的这个讨论，我是当初就知晓的，却并没有给予足够的关注。但是，今天当我看到这本书，再回头想来，才意识到，他们的这一举措，在“城市”议题已经铺天盖地的中国，有着无可替代的特殊意义——在专业学科的知识界无人愿意关注的地带站出来，在一片寂静的沉闷中喊出自己的声音来……这些原本就是我们应该寄望以文化研究者的，如今，通过这样一本书，我们似乎看到了我们想要看到的。

二、如何讨论“城市”？

“文化研究”在上海，由王晓明教授带动，被一群文学界学者引入大学已有多年。这西来的学科，原本即以资本主义、大众文化、消费主义等现代问题为主要对象，天然带有批判的性格、对抗的姿态，但是，身处巨变中的中国社会，文化研究学者倘以真诚之心启示自己的问题意识，自一开始就得面临不无尴尬的处境：研究者自身对中国正在发生的一切，中国社会的走向等等，其实都还充满疑虑、难以理解。拿西来的理论武器，批判什么、对抗什么？就我所知，这样的问题一直也困扰着王晓明教授。与这个问题同时让研究人员感到压力的，应该还有大学中的专业主义，以及他们对于科学背景单一可能导致研究力不足、因为对中国问题无从真正理解的现状的担忧。

出于对现状的反思和角色使命的认同，他们将“当代支配性文化的生产机制”确定为核心，并从一开始就将“城市”列为他们主要的研究主题。在“城市”这个主题中他们尝试将历史与现实勾连起来，将政治、经济与文化放到一起来考察，并试图跨过不同学科间的专业沟壑。这样的实践富有意义，却也充满挑战性。在当今的知识生产领域，城市研究以坚硬的专业体制、主流意识形态的地位以及技术信息的垄断性著称，更与所谓城市化、城市发展等国家发展目标以及世博会这样的举国项目相结合，具有不可一世的扩张性。对于人文社会学科的学者而言，在被设定的锦上添花式的“城市文化”研究以外，其实很少有可供伸展的空间。在这种情况下，文化研究的城市批判，谈何容易。一方面，不要说在西方理论内部，即以本人了解的社会学城市理论而言，自古典社会学到今天的新城市社会学，反思、批判城市的理论和观点早已是层层叠叠，令人眼花缭乱。另一方面，在中国本土，由于城乡体制的结构规定，人们对城市的向往，是极为自然、正当的生活愿望。在这样的现实逻辑下，依据西方既有的理论来作简单的城市主义批判，不免会被人们看作为城市文化人的矫情，这就如同在由权力经营城市、操控市场的国度，知识分子只着力于资本主义市场批判一样。

但这一次，《我们的 Better City》让我们看到了文化研究的另一种可能：回到日常经验，让包括研究者在内的生活者自己说出对城市的感受。面对强势的城市意识形态和城市开发体制，人们不妨表达自己的生活愿望，对什么是“好的城市”说出自己的评判（在这儿，我愿意暂时忽略掉“我”与“我们”之间的差异）。

这样的叙说，可以被理解成一种批判的方式，对抗的策略。可是，不经意间，很有可能，中国的文化研究者在这种实践过程中可以找到观察中国社会的一种角度，反思自身与批判对象之间的关系，并逐步发现中国社会的运行逻辑。在此同时，形成其所追求的“批判性分析”“促进性介入”的方式——我特别注意到，在这个以“我们”命名的讨论群体里，不仅讨论者有不少是匿名的网民，他们的言说方式、对议题的切入角度甚至价值观念其实也是多种多样的，在各表其意的城市生活感受中他们表达了多元、开放的城市观，中间不乏对现实具有穿透力、批判性的城市评论。这似乎与当初我们理解的西方文化研究的立场宗旨不甚相同，但却是让人觉得触手可感的、有着本土气息的新苗，令人欣喜。

三、市民与好的城市

所有的市民都该是城市的主体。什么样的城市是好的？每个人都可以有自己的评价，都应该说出自己的期待。或许这才是以“城市”为主题的文化批评最应有的品格。

价值源于社会需求以及供求状况，从社会群体层面来说，对于人的聚落形态、生活环境，一般人大多会有自己想要的和不想要的，“好的城市”应该是能够满足各种各样不同的人或者起码是大部分人的居住需求和生活愿望的地方吧。但社会自有其逻辑。这种逻辑意味着什么？在此我也试着从日常经验和生活常识出发来说说事。

现实中的城市人，像上海人，他们自己最想要的城市是什么样的？不需讳言，上海人需要有南京路、外滩、金贸大厦、大剧院……高耸云天、光亮耀眼，这些已经是这个城市在中国的地位的重要象征物。但是，对很多上海市民来说，让他们心向往之、念兹在兹的居住社区在哪儿？很有可能不在陆家嘴，也不在新天地——据我所知，上海有不少市民，遇到有海内外亲友来到沪上，真正愿意带着他们去走一走、看一看的“好的上海”，在老西区。那里的景观与今天城市媒体所炫耀的更高、更快、更新、更亮的摩登大上海南辕北辙。这些年被城市主政者大力推动的都市大开发，在那里几乎被隔绝于外。没有大型推土机进入，没有绿荫被毁，也绝少有高层住宅拔地而起。除了不少老建筑被仔细地、恰如其分地重新涂过，那儿的城市光景几乎是百年不变：有中国人记忆中的“街”的肌理，有雅各布斯基强调的人行道、“街之眼”，甚至也没有所谓“历史风貌保护区”住宅建筑被商业化的问题，孩子和老年人在那儿都可以便捷地生活……我自己也曾一次次带朋友去走过，不仅听到过内地来的朋友的惊诧，也收获过欧洲建筑师的赞叹。我相信，那里其实就是这个城市的空间规划者心中的“好的城市”，也是掌握着城市政治、经济、文化实权的人所要的生活社区。所以，我常常会悲观地感叹：城市真正的问题，并不是“什么是好的城市”，真正的问题其实是“‘好的城市’如何可能”？也就是我们常说的“城市生产的机制”。

城市规划和建筑设计如此，城市的生活设施安排又何尝不是这样。人们大多不会怀疑，无论风格或规模如何，好的城市都应该首先立足于尽可能地满足居住者最基本的生活需求——民以食为天——譬如说，买菜和卖菜。我们的城市记忆中曾经有菜农、菜贩的“沿街叫卖”，今天有关“老上海”的各种民俗馆、博物馆中，还保留有各种曼妙的叫卖声；还有“集市”，这其实是古往今来各国城市的基本设置，在今天世界公认的美丽的欧洲城市，我们还到处能看到街头、广场的各种定期、定时的农副产品贸易集市。可是，在今天我们身处的城市中，沿街叫卖声已近于绝迹，集市不知消失到哪里去了，路边摊贩也成了城管的追逐对象……我们能去买菜的地方，被城市政府严格地规定、安排——除了超市，主要就只有“菜场”。

菜场曾是社会主义物资匮乏时期政府保障市民生活供给的制度设置。今天，菜场成了基层政府（街道、镇）的一个经济实体——它归街道规划、经营、管理，既是个民生装置，也是一个营利单位。因为这个制度，街道在城市可以获得理所当然的土地安排，建成后，则可以获得所有摊位的出租收入。我们只要稍微去打听一下，就不难知道菜场背后的利益链和政治法则：

> 居民：同样的菜，小区里的摊贩又近又便宜，但街道、居委会、城管就是不让他们进来卖，我们只能赶到菜场去买贵的……
>
> 街头摊贩：菜场里要收摊位费的，我们外地人的摊位费还比本地人的贵……
>
> 菜场摊贩：外面的摊贩如果不禁止，我们这里的生意就不行了，那我们也不租摊位了……
>
> 街道：菜场是街道公司的主要产业之一，既然造了，就要经营。摊贩还有碍市容、安全……

窥微见著，了解这些，有助于我们理解，为什么今天市民的生活需要总是那么地不见容于城市的景观美容目标。

都市居，大不易。有些分析者倾向于绕过权力控制系统，而将“城市”本身责之为诸恶之源。那么，去小城镇或乡村又如何？中国乡村曾有自身的社会模式、生活传统，在那样的传统中，市镇是乡村经济生活得以自洽的一个重要条件。但是，今天的乡村与市镇，能够自外于那些正左右着城市生活的政治的、经济的力量及其运行逻辑吗？事实是，这些年来，城市的法则，早已浸透到整个社会的深处。几年前，曾听说过一起市镇菜场的动迁纠纷。这起纠纷起因于镇政府强行关闭原处于镇中心的老菜场，而在远离镇中心的西部待开发地区另造大型菜场的开发项目。这一行政举措自始至终遭到了镇上居民以及周边农民的强烈抵制。

难利是图、缺少价值理念的城市增长是可怕的，而生活者无法成为权利主体的任何城市承诺都是可疑的。在“后城市主义”之类已成为时髦用语的今天，在世界上，在思想、知识库里，专家学者要寻找各种各样的“好的”城市理念和规划模本，都是非常容易的事。只是，对于城市中的生活者来说，如果他们没有相应的权力和能力，去按自己的生活愿望规划自己的城市、建设自己的社区，甚至很少途径去选择或参与、影响政府或专家的规划，那么，无论是作为城市的劳动力、消费者，还是作为政府的福利包袱，他们都只能被绑缚于既有的城市系统之上，与被安排的城市、被规定的生活相拥抱，无奈而真诚地期望：城市，真的能让他们的生活更美好。这恰恰是我们所面对的又一种现实逻辑。

何谓“社会稳定”?

——概念辨析及方法讨论

在过往的研究中,我曾多次使用“社会奇迹”一词,来提示一个值得关注、需要解释的中国现象:在 20 世纪 90 年代以来的社会经济、社会体制大变动中,中国曾经发生或正在发生诸如数百万职工下岗,数亿农民流动,土地、城市大开发……这样的一系列社会巨变,可是,总体而言,社会群体之间并没有发生激烈的冲突,城市也没有出现大规模的动荡,人们的生活秩序也没有崩溃……所有这些,究竟是如何可能的?①类似的疑问,也多见于人们的各种讨论中,它们有时被表述为一个有关社会稳定的问题。而在国际舆论和各国的中国研究领域,中国这些年来持续的“稳定”甚至被形容为一个神话(The Ongoing Myth of Stable China, China's Stability Myth)。

一个国家的“稳定”被视为一个疑问、一种需要解释的现象,这既可能与社会对“变动”的某些预想甚至期望有关,也可能是因为它对某些被广泛接受的社会发展理论构成了否定性经验。这样的议题必然具有背景的复杂性,同时对研究者而言也是一个学术难题。②

在学术界,20 世纪 90 年代以来,“中国何以稳定”已经成为一个广受注目的重要议题。综观“稳定性”(stability)议题的现实和学术的背景。首先是因为中国自 20 世纪 70 年代末以来的社会演变走向,与人们普遍

---

① 参见陈映芳:《中国的居住生活危机与社会风险》,《南方都市报》2010 年 10 月 31 日,南方评论第一专栏;《流动群体的互助网络及其道德秩序》,《国际社会科学杂志》2013 年第 4 期。

② 类似的学术命题在中外历史上不乏先例。如 20 世纪初的俄国,在戈列梅金、斯托雷平等人主政下,政府以铁腕强权摧毁传统俄国公社,开始“斯托雷平改革”,成立极右翼政府,将俄国经济体制转变为农场经济与市场经济。持续的安定造就了“斯托雷平奇迹”,沙俄经济曾持续高涨。参见秦晖:《极左、左派、右派、极右的区分与现状》,https://www.douban.com/group/topic/5893530/。

预想的社会发展方向不尽相同:中国在市场化、对外开放和一系列的政治发展过程中,社会主义制度依旧稳固——此被有的学者称为“体制奇迹”①,这样的事实对既有的现代化理论(modernization theory),特别是20世纪90年代以来对世界各国各种类型的社会变动具有特殊影响力的社会发展理论(social development theory)、社会转型理论(social transformation theory)构成了学术挑战。其次是有关稳定性的问题还涉及另一个基本的事实:20世纪90年代以来,中国虽然面临种种社会矛盾、社会冲突,以及由经济增长、城市化、社会个体化等带来的诸多社会问题,但它基本避免了社会的动荡和社会生活秩序的混乱。这对社会科学特别是社会学的研究者提出了一系列需要解释的新课题。最后,我们也不难注意到,中国稳定在近两年来之所以一再成为热门话题,与一种普遍的风险预测有关——人们对于过去几十年中“中国稳定”的价值基础和体制、模式充满好奇,相关的讨论除了从不同学科、不同角度对“何以稳定”作出解释外,多隐含着某些共同的问题。②

一、社会稳定性:一个充满挑战的学术命题

在中国的现实语境中,“稳定”首先是执政党明确规定的政治要务。③

① 沈原:《“强干预”与“弱干预”:社会学干预方法的两条途径》,《社会学研究》2006年第5期。

② 在不少国际评论家看来,稳定作为一个中国神话的真实性和可持续性始终是一个问题。参见 Wharton Finance, China in 2017: Why Stability—not Growth—Is the Goal, Jan. 10, 2017, http://knowledge.wharton.upenn.edu/article/china-2017-stability-not-growth-goal/; Jeffrey Snider, The(Ongoing) Myth of Stable China, Oct. 20, 2016, https://seekingalpha.com/article/4013350-ongoing-myth-stable-china; James Palmer, China's Stability Myth Is Dead, Feb. 26, 2018, http://foreignpolicy.com/2018/02/26/chinas-stability-myth-is-dead/; Lena Ren, Restructuring China to promote social stability, Aug. 6, 2011, http://www.eastasiaforum.org/2011/08/06/restructuring-china-to-promote-social-stability/。

③ 胡锦涛:“发展是硬道理,稳定是硬任务;没有稳定,什么事情也办不成,已经取得的成果也会失去。这个道理,不仅全党同志要牢记在心,还要引导全体人民牢记在心。”参见龚信力:《发展是硬道理 稳定是硬任务——四论学习贯彻胡锦(转下页)

在日常生活中，诸如“稳定压倒一切”“安定团结”等等，也都是人们耳熟能详的政治口号。与此相对照，在社会科学领域，怎样避免将“稳定”简单地理解为一种秩序感，并避免将其完全视为一个描述性概念，这是研究者需要自觉的。①

“稳定”一词的概念化，一方面需要研究者基于相关的学科理论对其作出规范的定义，确定其内涵及属性特征等，同时也涉及如何区分如“政治稳定”“社会稳定”等不同的稳定类别。在此基础上，从事定性或定量的实证研究的学者，才可能有效地设计出可操作的分析框架，以及可资测量的变量组等，以此研究并判断社会的“稳定”或“不稳定”。

虽然“社会稳定”是社会学的一个经典问题，但在其他社会科学领域，社会的稳定性问题成为一个显著的课题，是近些年来才出现的学术现象。20世纪后期开始的非洲、拉美许多国家的民主政治转型，社会主义国家的政治或经济的大转型，让学术界开始关注相关过程中各国发生的各种冲突或相对的稳定。②具体到“社会稳定”，这多少可说是一个由“政治稳定”议题带出来的议题——在对稳定性问题的持续讨论中，关注经济、政治秩序的学者意识到：所谓政权稳定性及政治稳定性的问题，背后所涉及的，不仅有利益冲突，还有价值冲突。虽然强制性权力确实是一种强大的稳定来源，但稳定体制的合法性也取决于其在共同价值领域的表现，政权的稳定、权力的行使需要由社会成员普遍持有的价值来支撑；稳定是一个多方面的社会政治综合体，政治的稳定与社会的状况密切相关，政治和社会稳定的前景取决于各种社会群体融入政治体系的状况。③

（接上页）涛总书记“七一”重要讲话精神》，2011年7月7日，http://cpc.people.com.cn/GB/64093/64099/15102038.html；“发展是第一要务，稳定是第一责任。”参见人民日报评论员：《第一要务与第一责任辩证把握——中国道路的十年探索之八》，2012年9月28日，http://theory.people.com.cn/n/2012/0928/c40531-19136867.html。

① Alain-G. Gagnon & James Tully (eds.), *Multinational democracies*, Cambridge: Cambridge University Press, 2001, p.97.

② Chandan Sengupta, “Political and Social Stability: Ideas, Paradoxes and Prospects”, *Economic and Political Weekly*, Vol.39, No.48 (Nov.2004), pp.5101—5105.

③ Chandan Sengupta, “Political and Social Stability: Ideas, Paradoxes and Prospects.”

转型国家的稳定性问题也将社会学有关社会稳定的理论重新带入研究者的视野：在社会学的功能主义理论那里，"社会稳定"议题关注的主要是社会系统，亦即联结个体、群体和制度的模式化的关系网络，它是人类整体社会的一个子系统。它的现状与它被希望的状况之间的一致或不一致，被认为是判断社会稳定或不稳定的主要依据，而社会稳定的形成和维持有赖于社会系统的整合功能的有效发挥。一个稳定的社会通常意味着它是形成有良好社会秩序的社会（well-ordered society）。而成员间享有共同的价值观和道德规范，是社会秩序、社会团结（social solidarity）的必要条件——相对于传统社会中共同体内部的机械团结，现代社会由社会分工（涂尔干）或知识分工及社会合作（哈耶克）等形成有机联结。①此外在社会学者眼里，稳定性还是一个动态的概念。任何社会或社会系统都不可能在完全稳定的环境中运作。社会学有关社会团结的功能理论，给出了有关"社会稳定"议题的中观层面的探讨路径。

另一方面，相对于功能主义视角，在系统论的视野中，社会稳定意味着社会系统本身的状态，包括组成社会的各个子系统的运行状况，以及相互之间的均衡状态。当我们今天将"稳定性"问题放到 20 世纪后期以来世界各国社会转型（social transformation）的框架中或背景下思考时，我们需要借助宏观社会学的视角，通过对组成整体社会的各个系统——包括政治、经济、家庭（亲属群体）、意识形态这些社会系统及其相互之间关系的变动的分析，来理解转型国家的"社会稳定"的问题，亦即将其理解为一个"更大的社会层面的稳定"（stability at the larger societal level）问题。②据此，在不少以转型国家的稳定性问题为对象的研究中，区别于一般的"政治稳定""社会稳定"等概念，研究者开始用"政治—社会稳定"（political-social stability; social-political stability）概念来定义这样的社会稳定。在今天世界各国政府或研究机构设计的各种"政治稳定""社会稳定"的指标体系中，对政治、经济、社会及价值规范等状况的综合考察，

---

① Jack Birner & Ragip Ege, "Two Views on Social Stability: An Unsettled Question", *American Journal of Economics and Sociology*, Vol. 58, No. 4 (July 1999), pp.749—780.

② Chandan Sengupta, "Political and Social Stability: Ideas, Paradoxes and Prospects."

是较普遍的测量方法。①与此同时,在以发展中国家为主要对象的社会发展研究领域,围绕导致经济增长成败的相关因素研究,相对于宏观经济学早期的“政治冲突”(political instability)研究,“社会—政治冲突”(socio-political instability, SPI)研究已经被一些学者视为更为有效、更具影响力的研究方法。②

此外,由于社会的城市化、个体化(individualization),以及社会联结方式等的变化,近年来,“个体层面的社会稳定”成为社会稳定研究的一个重要领域。个体层面的社会稳定被理解为人的生活结构的状态和不变性,它的功能在于防止进一步的危害,帮助个体维持与社会期望之间的联系。③从“作为个体的人”的角度出发,社会稳定是指能够给社会中所有的人提供他们所有的基本需求,让他们过着有意义的、有目的的、充满激情的生活,有公平、平等的无障碍卫生和教育的机会。④

当我们将“社会稳定”落实到人的生活、人的社会状况等的稳定性和可持续性时,那么,将“社会稳定”从一般描述转变为最终目标,就需要将有关的条件和目标设计为清晰、可区分、可控、可衡量的指标。这样的社会稳定指标应该包括与人的生存(生活)、交往、发展等息息相关的人口状况、社会网络、社会交往、平等权利、社会参与、社会资源等等各个方面的数据。如下面这一项研究所尝试的那样(见图 1):

---

① 如国际“政治体制稳定指数”(PSSI)法模型,由三个重要指数构成:社会经济特征指数、社会动乱指数、社会统治秩序指数;另外如上海“社会稳定指标体系”课题组(2002)亦将政治、经济、社会、价值观念预设为影响社会稳定的四个方面的因素,并据此列出了 17 个指标组。参见上海“社会稳定指标体系”课题组:《上海社会稳定指标体系纲要》,《社会》2012 年第 12 期。

② Nauro F. Campos & Jeffrey B. Nugent, “Who is Afraid of Political Instability?”, *Journal of Development Economics*, Vol.67, No.1(Feb. 2002), pp.157—172; Abdul Haque, Selvarathinam Santhirasegaram, Muhammad Younis, “Sociopolitical Instability and Capital Accumulation in Developing Countries: Cross Country Pooled Data Dvidence”, *Journal of Social Sciences*, Vol.3, No.4(Apr. 2007), pp.208—212.

③ Danielle German & Carl A. Latkin, “Social Stability and Health: Exploring Multidimensional Social Disadvantage”, *Journal of Urban Health*, Dol.89, No.1(Feb. 2012), pp.19—35.

④ M. Salemi, M. R. Hamzehee, A. A. Mirakzadeh, “Social Sustainability of Rural Women Assessing Sonqor County”, *Women's Studies*, Vol. 9, No. 1(Spring 2011), pp.55—76.

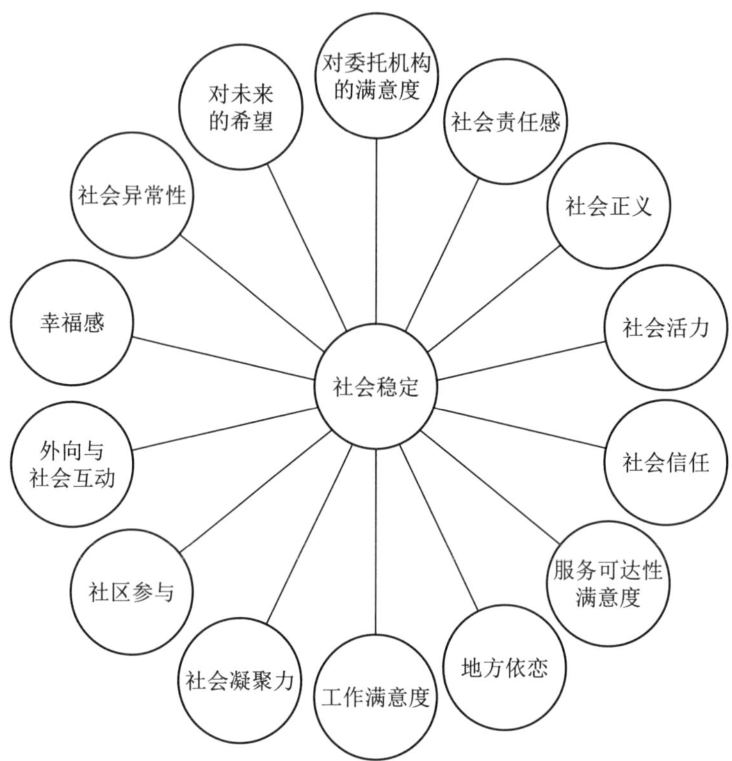

图 1　社会稳定的组成指标

资料来源：Shelir Fayzi, Zolikha Naderkhani, Amirali Zolfaghari, "An Analysis of Social Stability and Its Determining Factors among Rural Women in Iran", *Journal of Research in Humanities and Social Science*, Vol.3, No.5(2015), pp.1—8。

"社会稳定"到底是什么？基于上述的介绍和分析，尝试作出这样一个定义：社会稳定是指在社会变动过程中，社会系统、社会结构及社会生活等符合社会期望和社会秩序的运行状况，以及这种运行状况的不变性、可持续性，它包含整体社会、社会子系统以及社会个体的多个层面。

二、如何解释中国的"稳定"

20 世纪 80 年代以来，几乎与中国的社会转折同步，包括经济学、政治学、社会学等在内的社会科学以及法学等学科在中国迅速恢复,并开始了对中国社会的变革现实和发展趋势的学科化研究。同时期,在国际学术界,由社会科学研究者担当主要角色的“中国研究”(China Studies)也开始对中国的经济、政治、社会状况和演变趋势作出新的说明。除了具有普遍适应性的现代化范式外,“第三世界(发展中)国家”“东亚后发国家”等这样一些理想类型以及相关的研究范式,也一一被用作中国研究的分析框架,这其中,如现代化理论、发展理论以及转型理论,成了解释现实中国“改革开放”“发展”“转型”“经济增长”等现象的主要范式。

在此过程中,由中国的“稳定之谜”对既有理论假设形成的挑战,引发了人们对于中国作为“特例国家”的种种联想。①中国在经济持续增长的同时,国家体制的延续和社会的稳定,客观上似乎也为国际政治与政治经济学、政治思想史等领域的“中国例外论”(Chinese Exceptionalism)提供了佐证。

1. 威权韧性

这些年来,试图在学理层面破解中国稳定的学者,提出了若干学术命题。这其中,最引人注目的研究,是围绕“威权政权为何能持续”而展开的讨论。

在相对宏观的层面,曾有学者就威权政权的稳定性提出了“三大支柱”的解释框架,即合法化、强制和合作这三个因素,其在社会变动过程中的内部增强、外部加固以及相互强化等,构成了一些威权国家免于崩溃的内在逻辑和稳定机制(见图 2)。

类似的三支柱分析方法,也被用以解释中国的稳定。一种观点认为,中国现存体系的相对稳定与活力基于这样三个支柱:一个确保经济增长的、成功的发展型国家;进行制度调整与保证政策执行灵活性的能力;深思熟虑的政治策略(deliberate political strategy)支撑的合法性。②

在相关的研究中,人们已不再倾向于将中国与其他发展中国家作比较,无论是比较政治学学者还是中国政治专家都更倾向于将中国与其他

① Guo Baogang & Li He (eds.), *The Chinese Labyrinth: Exploring China's Model of Development*, Lanham: Lexington Books, 2011.

② [德]托马斯·海贝勒、[德]安晓波:《导论》,俞可平、托马斯·海贝勒、安晓波主编:《中共的治理与适应:比较的视野》,中央编译出版社 2015 年版,第 4—23 页。

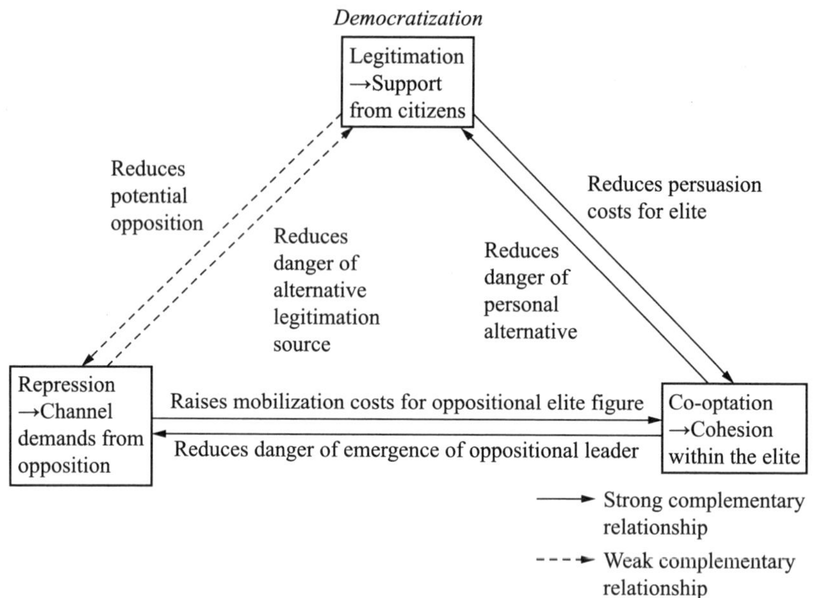

图 2　相互强化与相互补充

资料来源:Johannes Gerschewski, "The Three Pillars of Stability: Legitimation, Repression, and Co-optation in Autocratic Regimes", *Democratization*, Vol.20, No.1 (2013), pp.13—38。

过往或尚存的社会主义国家或者更广泛意义上的威权主义国家进行比较,以寻求解答关于政权适应性和政权韧性(而非经济发展的成功与失败)的诸多疑问。①在此过程中"威权韧性"(authoritarian resilience,又译作"威权复原力")成为一个极具辐射力的概念。②

2. 精英凝聚力

除了具有明显的政治学背景的"威权韧性"问题研究,关于威权政体的社会基础,相关的研究涉及了对"合法性"问题的深入讨论。同时,围绕威权韧性的阶级基础问题,一些学者通过对包括中产阶层在内的新兴的精英阶层的政治倾向、行为选择等的调查和分析,给出了有关"精英凝聚

① 裴宜理:《序》,阎小骏译,载阎小骏:《中国何以稳定:来自田野的观察与思考》,香港大学出版社 2017 年版,第 1—12 页。

② Andrew J. Nathan, "Authoritarian Impermanence", *Journal of Democracy*, Vol.20, No.3(Jul.2009), pp.37—40.

力”的观点,①说明威权政权具有吸纳、整合精英群体的能力,以及制度化的治理技巧。然而,这些观点是简单套用,缺乏说服力。也有的学者通过实证的城市调研,说明政府对不同阶层实施区别化治理的方式不无成效。在这些年来城市的“社区建设”的修辞和居住模式的实践中,政府在制造并满足新兴富裕阶层的住房消费需要的同时,也满足了“高素质”人群在居住空间中的自主性需求。在区别化的社区治理中,富裕阶层被赋予更多的自治权,以换取他们对稳定的生活秩序的更大关注。生活于门禁社区中的富裕阶层成了新生活方式和文明市民的典范。②

3. 城市稳定

在有关中国稳定的原因分析中,另一个值得关注的研究领域是有关中国城市化与社会稳定间关系的探讨。城市在中国的迅速兴起,无论是对于国家主导的市场的形成,还是对于国家政治权力系统的重建,都起到了无可替代的重要作用。③但是,首先,快速城市化和大规模的城市开发,这些本身意味着极大的社会风险。对发展中国家来说,现代化过程中的城乡差异的扩大,原有城乡平衡关系的被破坏,会成为社会—政治动荡的重要原因。④农村萧条和农村人口向城市的转移在拉美各国导致的种种问题,让人们对中国亦可能“拉美化”的风险充满担忧:如果城市法律和社会改革无法跟上步伐,中国可能会面临贫民窟问题、无家可归者问题以及社会群体间的激烈冲突,甚至政商之间、政商和社会精英之间的联盟等一系列社会和政治问题。⑤其次,中国以往的体制建立于“城市偏好”(urban-

① Wang Yuhua, “Coercive Capacity and the Durability of the Chinese Communist State”, *Communist and Post-Communist Studies*, Vol. 47, No. 1 (Mar. 2014), pp.13—25.

② Luigi Tomba, “Of Quality, Harmony, and Community: Civilization and the Middle Class in Urban China”, *East Asia Cultures Critique*, Vol. 17, No. 3 (Winter 2009), pp.592—616; *The Government Next Door: Neighborhood Politics in Urban China*, Ithaca: Cornell University Press, 2014.

③ 陈映芳:《城市中国的逻辑》,生活 · 读书 · 新知三联书店 2012 年版,“序章”,第 1—39 页。

④ 塞缪尔 · P.亨廷顿:《变化社会中的政治秩序》,王冠华等译,上海人民出版社 2008 年版,第 66—72 页。

⑤ George J. Gilboy & Eric Heginbotham, “The Latin Americanization of China?”, *Current History*, Vol.103, No.674(Sept.2004), pp.256—261.

bias)的再分配政策之上，而农民大规模流向城市的城市化浪潮有可能冲破既有的城乡再分配的区隔，从而影响到政权的稳定。①最后，大城市具有政治风险，有的学者甚至以突尼斯和埃及为例，说明在政治转型国家，人口在中心大城市的结集，会直接影响政权的稳定。②但是就目前看来，这样一些由城市化直接导致的社会风险、政治风险，并没有在中国得到应验。

在相关研究者的解释中，国家对城市日常生活、邻里政治的渗透，还有在居住空间安排以及社区管理方面所采取的一套区别对待的管理方式，无疑是有效的治理方式。③而中国之所以能够在允许农民向城市流动(逐步改变了原有的“城市偏向”状况)的同时，没有发生流动人员的大城市混乱，并进而引发影响政权的稳定，主要是因为中国借助既有的户口制度，对城市人口进行了有效的控制。另外因为中国形成有一个扁平的城市体系，在北京、上海之外的诸多大城市的存在让中国可以避免人口向几个超大城市的过度集中。④而从国家治理能力的角度，研究者发现，城市化极大地提高了国家的财力，让政府得以加强基础权力，从而得以增加对基层弱势群体的生活保障和救济能力，同时在社区层面与新兴社会群体建立政治联系，所有这些都让城市有效避免了政治风险。⑤

三、几个问题的讨论

1. 不同语境中的中国议题

有关中国政治—社会的稳定性问题，在中国本土和国际学术界、政论

---

① 托马斯·海贝勒、安晓波：《导论》。

② Jeremy L. Wallace, *Cities and Stability: Urbanization, Redistribution, and Regime Survival in China*, Oxford: Oxford University Press, 2014.

③ Luigi Tomba, The Government Next Door: Neighborhood Politics in Urban China.

④ Jeremy L. Wallace, Cities and Stability: Urbanization, Redistribution, and Regime Survival in China;《中国的城市化与分散的政治风险》，2015年2月22日，https://cn.nytimes.com/china/20150222/c22qawallace/，2019年3月20日。

⑤ 谢岳、葛阳：《城市化、基础权力与政治稳定》，《政治学研究》2017年第3期；《大都市秩序治理中的国家基础权力》，《上海交通大学学报》(哲学社会科学版)2017年第3期。

界,存在着与语境、概念定义及问题指向的种种不同。

如上所述,在国际学术界,社会的稳定性原是现代社会学,尤其是结构功能主义学派的重要议题,如今得益于自然科学方法(如生物学、系统理论、复杂性科学等)在社会科学界的延伸,“社会稳定”也成为以模型研究等研究方法见长的稳定理论的新领域。①而且,稳定之于社会的某些正面功能,如政治越稳定,经济可能就越发展,这样一些预测也不断被一些定量研究所证实。②与此相对照,有关“中国何以稳定”的问题,主要源自对20世纪七八十年代以来发展中国家、威权国家的民主转型以及原社会主义国家的制度大转型的经验参照。在相关的研究中,对类型方法的运用,是问题意识的逻辑起点——对类型化的各国现代化、城市化、民主转型等的路径模式的参照,是中国发展预测和稳定判断的主要依据,也是“中国例外”的例证。这其中多少存在这么一个倾向:基于发展模式的参照,而将中国的政治—社会状况界定为一种“稳定”,并将其设定为一种需要解释的“结果”。在此前提下,从体制本身的属性、应变能力及其体制功能中,去发现导致这个结果的原因,这样的解释在学术上值得细究。

首先,区别于诸如“奇迹”之类的政治评论、社会评论的描述性词汇,当我们尝试对“稳定性”问题作出学术解释时,我们需要就“稳定”的概念作出规范的定义,并就检测方法及测量标准作出必要的说明,无论是政治稳定、社会稳定,还是政治—社会稳定概念。我们不难发现,所谓“中国稳定”,在不少研究者那里主要指的是“政治稳定”,包括政权稳定、政治体制稳定,抑或政治秩序稳定。另外,关于“社会稳定”,在各国的研究中,我们可以看到从不同的社会层面所作的研究和判断,学术界已经积累、呈现了相应的理论和检测方法,包括定性的和定量的,以及国际比较的方法。但是,涉及中国的社会稳定,我们很少看到具有说服力的实证研究结论。特别如个体层面的“社会稳定”,我们很难了解到对涉及数亿人口的流动人员,以及农村妇女、儿童、老人等的社会稳定的测量数

① Vladimir Râsvan, “Stability Theory versus Social Stability”, *Advances in Consumer Research*, Vol.20, Iss.25(Jan.2009), pp.45—47.

② 参见 Md Akther Uddin, Md Hakim Ali, Mansur Masih, “Political Stability and Growth: An Application of Dynamic GMM and Quantile Regression”, *Economic Modelling*, Vol.64, No.C(Aug.2017), pp.610—625。

据,如我们在其他一些国家的学术成果中看到的那样。①就各种可以看到的零星数据和社会事件而论,我们很难论证这些庞大的人群的生活结构、生活状况的恒常性和发展可持续性达到了各国普遍认可的“社会稳定”的标准。

除此之外,构成社会稳定性的另一个基本要素是时间。在社会变动的过程中,中国自 20 世纪 90 年代以来 20 多年的政治体制和社会生活、经济增长的相对稳定,是否可以被视为世界各国社会现代化、社会转型过程中的一个特例? 这是需要时间来进一步观察的。②

其次,在中国内部,除了政府目标、政治口号以外,学术界的“政治稳定”“社会稳定”研究,与国际上的中国稳定性研究,无论是概念含义还是问题意识、问题导向,都有着显著的差异,甚至也缺少真正的交集。在许多人看来,“稳定”的意义在今天中国毋庸置疑,它是治国兴邦的根本前提,也是改革发展的重要条件。在主流的学术叙事中,体制的稳定性是国家目标,也是理所当然的发展轨道。中国的“社会转型”与其他发展中国家、威权国家的转型完全不是一种性质,当然相关的研究也不以这些国家的模式为参照。稳定性议题在许多社会科学研究者那里,不是需要解释的例外性,而是论证“中国特殊性”的理论命题,或是协助政府实现政治目标的智库课题。即使是那些意图推动中国实现社会转型的学者,也需要借助于功能主义的“社会稳定”叙事框架,来促使政府推进社会变革。不过,近年来,在以政权和政治体制稳定性为目的的相关研究中,国际学术界有关社会稳定性、社会风险测量的一些方法,也被引入国内的“社会稳定风险”预测研究中,一些新的社会稳定观及新词汇也相继被提出,诸如“刚性稳定 VS 柔性稳定”“绝对稳定 VS 相对稳定”“阶段稳定 VS 持续稳定”“ 线性维稳 VS 立体维稳”“单纯稳定 VS 和谐稳定”之类。相关的学术正成为中国社会治理研究的重要部分。③

---

① Shelir Fayzi, Zolikha Naderkhani, Amirali Zolfaghari, “An Analysis of Social Stability and Its Determining Factors among Rural Women in Iran”; Danielle German & Carl A. Latkin, “Social Stability and Health: Exploring Multidimensional Social Disadvantage.”

② Benjamin Ho, “Understanding Chinese Exceptionalism: China's Rise, Its Goodness, and Greatness.”

③ 王磊、胡鞍钢:《经济发展与社会政治不稳定之间关系的实证研究——基于跨国数据的比较分析》,《经济社会体制比较》2010 年第 1 期。

尽管如此，我们不难看到，国际学术界的“中国例外论”与中国主流学术界的“中国特殊论”虽然共享了某种类似的中国观，关于中国“稳定性”问题的研究也似乎共享了某些相同、相近的概念和方法，实际的关注却是差异极大。但与此同时，在这些差异背后，我们又似乎可以看到某种相似性：在那些宏大的科学命题或国家目标下，人们在日常生活中普遍感受到的不确定性，以及如近年来越来越多的年轻人选择不婚或少育等社会现象——这些理应是社会稳定性最核心的问题所在，但在有关“政治—社会稳定研究”的领域，却并没有成为被认真对待的经验事实。

为何要聚焦“中国的社会稳定”这一个议题？它有多少意义？存在些什么新的可能？这是我反复思考的问题。

2. 实证的、社会中心论的研究为什么重要？

涉及政治—社会稳定议题，国际和国内学术界虽然学术旨趣各不相同，但都存在两种相似的倾向：一是社会稳定性研究中的“政治稳定”研究偏好，即使是一些“政治—社会稳定”研究，也主要以政治稳定为核心问题，而视社会稳定为政治稳定的影响要素；二是在方法论和研究方法上的“国家中心论”和“制度中心论”的偏向。

除了学者所处制度环境的制约性因素外，形成这样一些学术现象的原因，一方面跟研究者的专业背景有关——关注中国社会转型过程中的稳定性现象的，除部分宏观经济学和中国研究的学者外，主要是国际政治和比较政治的学者。另一方面这种学术现象也与20世纪70年代开始的国家研究及国家中心主义的兴起直接有关。在战后的美国政治科学和社会学领域，多元主义和结构功能主义曾经占据学术的主导地位，对经济和社会结构的分析，被视为理解政治和政府活动的主要方式，而政府主要被看作各种利益集团、社会团体的竞技场，亦即公共政策决策的舞台，而不是独立的行动者。相对于这样一种社会中心论，20世纪70年代开始，从比较社会科学到历史社会学，研究者对“国家”的兴趣迅速增加，国家作为行为主体或影响政治过程的重要力量，成为各门学科的研究对象，或解释社会变动结果的重要视角。①国家中心论多少弥补了社会中心论将国家视作“黑箱”，对政府及其政治过程缺乏了解的缺陷，但是，随之也带来了

---

① Theda Skocpol, *Bringing the State Back in*: *Strategies of Analysis in Current Research*, Cambridge: Cambridge University Press, 1985, pp.3—37.

轻视社会之于国家及其政治过程的作用的问题。①更为重要的一个问题，则是对社会观的影响：社会系统被视作政治系统的附属物，社会之独立价值被淡化。在方法论上，社会研究被视作政治研究的手段之一，社会稳定、社会风险的测量以政治稳定为基准、为目的。

一方面，作为意图纠正这样一些偏向的学术路径，这些年来，国家—社会关系和历史制度主义，在学术界受到普遍的关注。在相关的研究中，除了国家的制度结构和政治体制对政策变动的影响外，社会结构、社会组织对于国家被迫应对的问题，以及国家执行政策、解决问题的能力的影响，同样被强调。②

另一方面，研究者也可以考虑以研究方法的调整，来克服既有国家中心论的研究偏向——在对社会稳定性的判断和分析中，我们需要以更多的经验实证研究，来克服基于社会类型方法及其抽象的理论逻辑的规范性研究可能带来的某些偏向。真正的科学理论不是把一些假设中包含的逻辑含义加以再敷衍的结果，而是从事实出发又不断回到事实中的观察、推理和验证的产物。③涉及一个国家的社会变动，以及演变过程中的政治—社会的稳定或不稳定，其特征和原因到底是些什么？这不能仅靠逻辑推理，或缺乏中外历史验证的因果关系来解释。④它需要我们从具体的历史和现实中去发现——发现那些包容的、复杂的、互嵌的、动态的社会运行过程及其机制、逻辑。即是像 20 世纪 70 年代末发生于中国的，如今

① 何俊志、杨季星：《社会中心论、国家中心论与制度中心论——当代西方政治科学的视角转换》，《天津社会科学》2003 年第 2 期。

② ［美］彼得·霍尔：《驾驭经济：英国与法国国家干预的政治学》，刘骥等译，江苏人民出版社 2008 年版，第 70—77 页。

③ ［美］塔尔科特·帕森斯：《社会行动的结构》，张明德等译，译林出版社 2008 年版，序言，第 3 页。

④ 例如杰里米·华莱士（Jeremy Wallace）有关城市人口规模及其集中程度与政权稳定的关系。在笔者看来，尽管中国有扁平的城市体系分担人口城市化压力，但超大城市的人口规模，尤其是流动人口的人口数和所占人口比例，远远超出政治冲突国家。真正需要解释的，可能不是中国的城市人口控制政策与政权稳定的关系，而是中国各大城市中几十万至几百万缺少生活保障的流动人口是如何维持其生活秩序，也因此没有出现城市混乱的？而且，从历史看，在现代中国的城市化历史上，虽然亦曾有大城市贫民窟蔓延，以及城市底层、工人投入社会运动的事例，但中国共产党革命的成功主要依靠了农村的革命，走农村包围城市，武装夺取政权的道路。

被以“改革开放”所命名的历史大转折,是由自下而上的社会力量与各种政治力量共同推动而逐步形成的。①另外如罗纳德·哈里·科斯、王宁的研究所说明的那样,20 世纪 70 年代末到 80 年代开始的经济变革,主要也是由社会力量(承包制、乡镇企业、个体户和经济特区)促成的。②而我有关 20 世纪 70 年代末开始的社会生活正常化运动的研究也曾说明,社会大转型是自下而上的社会运动与自上而下的政治决策、行政政策的互动和合作的过程。③

此外,实证的研究也有助于我们对政治系统的运行逻辑,包括制度的变动,各级政府决策机制、政策执行能力等加深了解和分析。例如,“社会稳定”是怎样被吸纳到正式的法律制度中的?④基层政府的权力和治理能力的增强是如何可能的?⑤

不仅如此,实证研究也可以帮助我们发现类型方法的新的可能、新的空间。不难意识到,如果研究者以“西方现代化国家”等既有的某一类型为参照,或套用某一种理论范式来说明中国的社会变动现状时,很可能就

---

① 张昆:《改革的目的在于还政权合法性》,2018 年 2 月 2 日,http://www.aisixiang.com/data/108213.html。

② [英]罗纳德·哈里·科斯、王宁:《变革中国:市场经济的中国之路》,徐尧、李哲民译,中信出版社 2013 年版。

③ 陈映芳:《社会生活正常化——历史转折中的“家庭化”》,《社会学研究》2015 年第 5 期。

④ 朱芒的研究详细梳理、分析了“社会稳定”一词被写入不同法律条文的立法条例及其不同的功能目标:如将维护“社会稳定”作为立法目的之一的有《人民武装警察法》(第 1 条)、《农村土地承包经营纠纷调解仲裁法》(第 1 条)、《农村土地承包法》(第 1 条)以及《澳门特别行政区基本法》(序言部分)等法律;将维护“社会稳定”设置为政府责任的有《治安管理处罚法》(第 6 条);将对“社会稳定”的影响程度规定为法律事件构成要件的有《银行业监督管理法》(第 28 条第 2 款);将破坏“社会稳定”规定为行为后果程度要件的有《邮电法》(第 37 条第 3 项)。另外在《政府信息公开条例》第 8 条则有规定:“行政机关公开政府信息,不得危及国家安全、公共安全、经济安全和社会稳定。”参见朱芒:《什么是或者不是“社会稳定”——〔2010〕沪二中行终字第 189 号行政判决评析》,《华东政法大学学报》2011 年第 3 期。

⑤ Pei Minxin, “The Chinese Political Order: Resilience or Decay?”, *Modern China Studies*, Vol.21, No.1(Jan. 2014), pp.1—27; Wang Yuhua, “Coercive capacity and the durability of the Chinese communist state”, *Communist and Post-Communist Studies*, Vol.47, No.1(Mar.2014), pp.13—25.

会得出“中国例外”的结论。而就“中国特殊论”来说，即使抛开意识形态或目的论的问题，它也可以被认为是一种学术懒惰的行为：它不仅摒弃了以“人类社会共同体”为基础的普遍性原理，同时也否定了“国家”单位以外的以文化、社会传统的共同性和社会结构的类似性，以及近代化复杂历史等为背景的其他地域社会的视角，它甚至也对当代社会主义阵营的革命实践和社会转折的历史及其内在逻辑（包括制度和意识形态的历史遗存及其变革路径）表现出了虚无的态度。相对于这种种偏向，社会科学的实证研究面对的复杂性议题及其学术可能性正在于：在对“抽象的社会”进行类型化的同时，在“具体的社会”中不断去发现难以被归类、无法被套入现成模式的社会现象，然后借助于不同的理论范式和研究视角，去分析验证，去了解未知的社会法则。

第三部分　方法论的反思和探索

传统中国再认识

——乡土中国、城市中国及城乡关系

如何重新理解"中国",已成为一些中国学者倡导文化自觉的一个基本问题。追根溯源,我们需要就社会学与现代中国的"中国观"之间的关系作一些梳理和反思。从某种意义上讲,社会学被引入中国,是中国人了解西方和认识自我的需要的结果——它不仅让中国人发现了西方的"社会"("社会的"西方),也曾让中国人确认了自身"传统"的、"落后"的 "中国"身份。

这其中,"乡土中国"作为中国传统性的主要载体,被国内外人类学者和社会学者一再剖析和确认。如今,在对现代性的审视中,它又被当作一种重要的视角,以及可资对抗西方现代性的文化资源。与此同时,它还被视为解决"三农"问题、规划现代中国农村发展道路的观念的及现实的出发点。

但在重新审视我们的现代性认识的同时,同样需要对传统性认识作出反思。"乡土中国"作为中国观的重要部分,它的被建构、被确认,蕴含着一些我们习焉不察的问题。

一、社会学与中国认识

近年来,在对中国现代性的研究、反思中,社会学之于中国现代思想、现代化历程的影响渊源,成为学术界一个引人注目的话题。同时,包括社会学在内的社会科学在中国的种种尴尬处境,也多为识者所虑。①

---

① "若从学科的角度看,中国社会科学的学术处境本来就很尴尬。自西学东渐以来,中国社会科学从无到有,其基本的学科分类体系、概念体系和论述方式都是沿用西方既有的设置来安排的"。(渠敬东,2006 年)

社会学自被介绍进中国,它不仅是中国人认识世界和确认自我的一个学科视野,也是思想家规划国家现代图景的基本参照。近代中国人真正开始了解外部世界——“西方”——是从“坚船利炮”这样的器物开始的。由先进的军事技术,中国人逐步了解到了武器背后的现代工业、现代交通、现代教育及现代思想,以及现代的政治制度。而通过社会学的学科视野,中国人开始发现了另一个西方——作为“社会”的列强各国。为学习先进的军事技术而留学英国的严复,注意到了西方世界中不同于中国的“社会”,并带回了解释那种社会的学说。①

尽管,社会学作为现代社会科学中一门经验实证学科,其学科制度在中国的成形②,它对于这个社会的演变实态及其变迁机制等的描述和解释,很难说对中国现代性的规划或实际进程起过多大的影响作用。但这不妨碍社会学作为一种认识论对于中国思想界及一般社会产生的深刻影响。发现社会并解释社会自“传统”而至“现代”的转变,这原是社会学的使命所在。社会学之于近代中国,首先意味着一种全新的认识论。古典社会学最重要的成就之一,是将每个人生活其中的现代社会解释为由个体间联结一起而又外在于个体的一种有机体。对这种个人与社会的关系,以及社会有机性的解释,几乎被视作社会学的核心命题之一。严复的“群学”,将西方社会学对于现代社会的阐释,诸如社会的有机性、公共性等等介绍入中国。自此开始,何为西方、何为中国,中国的思想家们对于中国与西方列国之间的差异想象,以及中国的现代化规划,开始有了切实的视野空间和思考方式。

然而,当人们在选择一种认识世界、解释世界的路径的时候,也可能是在选择一种特殊的价值,或者是选择一种身份认同。产生于西方经验之上的现代社会科学,当它们被移用到中国的现实中来的时候,对于中国人认识世界、解决自身认同危机的需要来说,它们所提供的,既是可能条件,亦是限制,这两个方面一开始便如影随形地缠绕在一起,难解难分。

---

① 关于中国社会学,人们多认为从严复于1903年翻译出版英国早期社会学家斯宾塞的《群学肄言》一书算起,近年有学者认为康有为1891年在长兴学舍所讲的群学亦属于社会学范畴。但本文意在探讨作为社会科学的社会学的认识论影响,所以主要着眼于西方社会学的引入。

② 一般认为,国内最早开设社会学课程的是上海的圣约翰大学(1908年),最早设立社会学系的是上海沪江大学(1913年),这两所大学都是教会学校。

近代以来,中国的知识界,对于西方的文化价值,一向不乏鲜明的抵制。但对于内在于现代社会科学基本视野亦即认识化、方法论的规定性,却缺乏相应的自觉。这构成了中国知识分子现代认同焦虑的一个深刻背景。亦所以,中国知识分子在接受还是抵制西方价值、如何接受又如何抵制这些问题上,多有反复而无果的讨论。在抛弃还是继承中国传统、能否抛弃又如何继承等问题上,亦难得要领。今天,当人们试图重新审视中国现代性问题时,如何认识现代性的普世性与西方性,在此基础上如何探索中国现代性的可能?这些困惑再次成为横在中国人面前的问题。

包括社会学在内的现代社会科学,为中国人提供了了解世界、认识自我的必要的视野和必需的工具,但与此同时,它一开始就让中国人陷在了学科视野的某些预设之中。首先,作为现代性的重要价值目标,现代的"民族国家"(nation-state,在日本和中国台湾地区汉译"国民国家")被视作"现代社会"的基本构成单位和社会学的基本分析单位。虽然当中国人睁眼认识世界时,对于中国人而言,欧美列强已成为对中国构成生存威胁的"西方"(一个被建构的地域概念、世界概念),其次,中国人对自我的认识,从一开始,即是以"中国"为基本单位的。尤其自甲午战争以降,对于中国人的身份认同来说,"东方""亚洲"这些地域共同体概念实际上已经不具有如在近代日本那样的认同意义。①中国内部的民族的、地域的、文化的多样性及差异性等等,亦成为民族国家认同的多余的,甚或有害的因素而遭到排斥。在这儿,我们可以发现某种双重标准的运用。一方面,中国人将作为对手的外部世界想象成一个整体的"西方"(甚至也包括了日本)。另一方面,却将自身定位于一个内部同质的民族国家。这种双重标准的合理性源泉,应与认识世界的二元模式有关:"先进"与"落后"的认识模式——先进的西方与落后的中国。

在这样一种认知模式中,民族国家的本质特征,并非来源于自身内部,而是来自外部的参照比较。作为社会科学的一个最基本的研究方法,"比较研究"在有形无形之中,帮助西方人确立了他们的现代社会观。以"传统""农业""专制"等为特征的落后的"东方""亚洲""中国"等等,在西方社会科学中,曾经是象征异质性的"他者",是确认西方社会现代性的重要参照。而随着社会学等社会科学被中国人用于确认自我时,这样一种

① "亚洲"概念在近代以来的日本一直具有特殊的认同意义。笔者以为,对近代日本而言,对"亚洲"的认同与"脱亚入欧"的冲动是属于同一事物的两个侧面。

基本的比较方法，连带着西方人的视角，同样也帮助中国人确认了自身与西方的异质性。对于中国知识分子而言，一方面要致力于引进西方社会科学来认识世界、确认自我，另一方面又要本能地，或理性地试图抵制西方价值及西方人的中国观。这样一种努力，自一开始，就不能不陷于一种特殊的自我矛盾之中。其一为，从现代社会科学的基本视角出发，发现差异，进而将差异性固化、本质化，原是难于避免的认知倾向。其二为，就内在于社会科学的现代性诉求来说，将人类社会不同梯度上的地域性差异，民族间、族群间差异等化约为民族国家的本质特征、同时将种种差异归纳定义为现代—传统、先进—落后之类的属性差异，亦是社会科学研究极易导出的结论。

一般来说，古典社会学视野中的异质性确认，主要通过二元对比的认识方法来体现。在对人类社会始于工业化的大变动的描述和解释中，“农业—工业”“传统—现代”“愚昧—文明”“落后—发达”等的二元对比，不仅被用于纵向维度上对社会变动的历程及其结果的认识，也被延用于横向维度上的不同社会间的比较，“先进的西方”与“落后的东方”据此成为现代社会科学解释世界的一个基本视角。

而作为社会学的最典型、最具有效性的分析工具，“理想类型”不仅为二元对比的认识论提供了具体的研究方法，①亦使得社会学对社会结构以及人的行为的解释，有了揭示对象本质属性以及不同对象间普遍属性的方法上的可能。诸如“有机团结—机械团结”“通体社会—联体社会”这样一些基本概念的创立，使得社会学者在对“传统社会”与“现代社会”的描述中，获得了进入社会学意义空间的实际路径。

虽然说，作为一门以现代性为阐释对象的社会科学，社会学所具有的超越民族国家的普遍适用性毋庸置疑，它的西方出身，并不能构成我们否定它的原理在中国的普适性的理由。而且事实上，就像学者指出的，无论西方社会学还是中国社会学，都是直面社会危机而诞生的（刘少杰，2006）。但是，基于上述对现代社会科学特别是社会学的认识论、方法论的特性的认识，我们还是需要对社会学的中国认识、中国研究的源与流不断地展开反思。

---

① 在马克斯·韦伯本身，“理想类型”并不限于二元对比的分析，如统治权力的合法性类型被概括为三种类型：传统型、法理型、个人魅力型等。但可以认为，二元对比方法多借助理想类型的方法来定义对象的本质属性。

事实上,这样的反思从严复他们就已经开始,对西方社会学的审视,以及对现实中国的认同困惑,贯穿于近代以来中国思想家和社会学者的学科视野矫正过程,和对“中国”的建构过程之中。即以“社会”概念在中国的译介、确立的历史为例,在“群学”至“社会学”的学科形成过程中,“社会”概念最终取代“群”概念,固然有日本汉译概念的重要影响,也与“正宗社会学”在中国的确立有关,但是,就如许多论者指出的,在清末思想家那里,“群”概念的所指,较之“社会”概念,原有更深广的内容。一方面,康有为最初强调“群”的意义,是从人类普遍性以及中国思想传统来加以说明的,而不是简单的西方参照的产物。①另一方面,“群”虽被一些维新思想家用以强调“学会”等政治团体的重要性,(姚纯安,2003)但它并不排斥普遍意义上的“人群”意义。甚至有学者认为,当严复最初介绍西方社会学时,他对于日本的汉译“社会”概念应该已有一定的了解。而他之所以仍用“群学”概念,更可能是出于对“群”较之于“社会”所具有的意义的思考:“群”是“社会”的上位概念,“社会”仅是“群”的一部分(具有一定秩序的某些群)。(田辺義明,1999:204—205)但尽管如此,随着“社会学”在中国的正式登场,“群学”最终消逝于历史思潮之中。究其因,我们不能不认为,是社会学蕴含的现代性意义以及“社会”概念提供的社会现代化的规划路径,让“群学”、“群”概念渐渐退出了思想领域和社会科学视野。与此同时,实际存在于“传统中国”之中的各种非“现代”的群体形式,如家族、血缘群体、村落共同体等等,以及相关的价值观念,也相应地(无可避免地)与现代性意义失之交臂。

在异质对比、二元认识的社会学的意义世界中,近代中国既有的社会、文化,既难以与“现代性”直接衔接,“传统的中国”与“现代的西方”之间,似乎也缺少中间的、重合的部分。从某种意义上讲,近代中国的思想家和社会学者借助现代社会科学建构“中国社会”的过程,亦是他们将既有的“中国”裁剪、过滤成“传统中国”的过程,以及规划“现代中国”的过程。在这一过程中,尽管早期思想家和社会学者对西方理论的普适性问题及西方现代性的内在问题等多有意识和反思(应星、吴飞、赵晓力、沈

---

① 康有为在《自编年谱》中说,他在1884年就开始探讨“生物之源,人群之合”的道理,1890年开始对弟子讲解“孔子改制之意,仁道合群之原”。康有为早期群学的宗旨和内容,即“敬业乐群、会友辅仁”等从传统典籍中引申出来的思想和主张。参见姚纯安,2003年。

原,2006)。但植根于西方社会科学的认识论、方法论的特性对于中国观、中国事实的预设性的安排,一直困扰着中国人的自我认同和中国研究,这几乎成为中国学的一种宿命。

二、“乡土中国”:被单性化的传统中国

在21世纪初中国知识界对中国文化自主性的诉求表达中,“乡土中国”的意义再次被激活。在有关“乡土中国”的热议中,论者不仅试图为传统的中国乡土性赋予某种“中国的现代性”,甚或后现代性的意义,据此在“中国”内部找到反思西方现代性的文化资源。同时人们还试图通过对中国乡村社会的价值再发现,以及近代中国乡村改革历史的总结反思,为面对“三农”问题的现实乡村社会找到新的出路。

在这样一些讨论中,我们可以看到,“乡土中国”这一中国观本身,成了不言而喻的思考起点。“乡土性”这一由现代社会科学逐步建构起来的中国认识,作为理所当然的中国传统性,并没有被纳入反思者的反思对象中。

“乡土中国”最初以费孝通先生的书名而广泛地进入人们的视野,可以说,社会学为这一中国观的构建,提供了主要的学理支持。就学科渊源而言,虽然费孝通先生有西方社会人类学的背景,他与他的老师吴文藻先生一起倡导并实践的中国社区研究学派的理论,也可被归入社会人类学的民族志一脉。但是《乡土中国》的核心概念和基本理论框架来源社会学,这应无异议。在这一个关于乡村中国的描述文本中,借助滕尼斯的“有机团结—机械团结”这样的分析工具,作者通过运用或建构一系列二元对比①的理想类型,来阐述他对中国乡村社会结构的理解:熟悉的社会—陌生的社会、差序格局—团体格局、礼治秩序—法治秩序、长老统治—同意权力、血缘结合—地缘结合……有关《乡土中国》的意义和影响力,学术界早有广泛评议,这不是本文要探讨的内容。这里试图讨论的,是这么一个问题:《乡土中国》成为国内外“中国观”中最具影响力的一个

① 就如费孝通先生所言:“在社会学里,我们常分出两种不同性质的社会:一种并没有具体目的,只是因为在一起生长而发生的社会;一种是为了要完成一件任务而结合的社会。”(费孝通,1998:9)

社会学文本,其机制是些什么?

我的这一问题意识,首先来源于费孝通先生自己对《乡土中国》的介绍:

这本书的探讨对象是中国的乡村社会,它属于乡村社会学范畴。在1937年的出版"后记"中,费孝通先生清楚地介绍说,《乡土中国》是由他于1936年所作的《乡村社会学》的部分讲义整理而成的,是他"以中国的事实来说明乡土社会的特性"的尝试。(费孝通,1998:"后记")在1984年的"重刊序言"中,作者又再次解释说,《乡土中国》是"我借'乡村社会学'这讲台来追究中国乡村社会的特点"。在说明理想类型概念的意义时,作者特别强调,"这里讲的乡土中国,并不是具体的中国社会的素描,而是包含在具体的中国基层传统社会里的一种特具的体系,支配着社会生活的各个方面。它并不排斥其他体系同样影响着中国的社会,那些影响同样可以在中国的基层社会里发生作用。搞清楚我所谓乡土社会这个概念,就可以帮助我们去理解具体的中国社会。"(费孝通,1998:"重刊序言")乡土社会是作者理解中国社会的途径之一。

在费孝通先生这里,《乡土中国》是他对既往的乡村田野调查所作的一个总结,其研究和阐述的对象,主要是中国的乡村社会而不包括中国的城镇社会。而作为一种理想类型的社会学概念,"乡土社会"抽取的只是中国基层社会(而非社会整体)的、部分的(亦非全部)体系及其属性。换言之,"乡土中国"只是传统中国的一部分,"乡土性"也只是中国传统性的一部分。

关于这一点,在费孝通先生对"乡土中国"的解释中,其实有较明确的阐述。虽然他开宗明义说"从基层上看去,中国社会是乡土的",也就是说,乡土性是基层社会的特性。但是,早在20世纪30年代进入开弦弓村调查的时候,费孝通就意识到:"商品流通是有区域性的。农村是生产地,产品集中的中心地就叫做镇。镇上的商品所能销售到的范围叫做'乡脚',可称为腹地,就是集镇所服务的区域。每个镇拥有一定的农村作为自己的腹地,成为这个区域商品集散中心……我从周围的现象中感到有一股外来的力,在制约着村子的经济活动和社会生活,这股力发自村子外边的镇。""虽然我当时未能进入这一层次调查,可是,总感觉到了小城镇这种社区的存在对于农村和农民生活所发生的作用很大。"①也就是说,

① 参见费孝通:《小城镇调查》,http://www.agri.gov.cn/jjps/t20050428_364644.htm。

乡土社会并不是自洽的，它存在于与城镇社会的有机联结之中。所以费孝通先生在开篇中紧接着解释说，“我说中国社会的基层是乡土性的，那是因为我考虑到从这基层上曾长出一比较上和乡土基层不完全相同的社会，而且在近百年来更在东西方接触边缘上发生了一种很特殊的社会。这些社会的特性我们暂时不提，将来再说。”换句话说，在费孝通先生这里，“基层社会的乡土性”是相对于上面的另一种社会及其特性而成立的。对于自己 30 年代的田野调查止于乡村而未能涉及城镇，他心存遗憾，后来曾解释说那是因为当时他缺乏研究城镇的条件：“当时我的调查到此为止不能再进行了。一是时间不够用，二是我一个人单干不行。”

可以认为，虽然“乡土中国”概念最初由费孝通先生建构而成，但将“乡土社会”等同于“中国社会”，以乡土性来概括中国的传统性，并非费孝通先生的本意或结论。它另有建构的力量与机制。

我对于乡土性作为中国传统性的建构机制的疑问，除了上述费孝通先生本人对于“乡土中国”的阐释以外，还来自另外一些学术参照。

我们知道，在史学界，尤其是实证史学的中国研究领域，早有大量的学术成果，对“城镇的中国”在传统中国社会中的地位作了说明。但这样的学术成果，一直以来，似乎很少作用于中国观的建构。从 20 世纪 30 年代开始，在国外汉学界和国内史学界，有关中国城市史的研究就已经出现了一些有价值的成果。①80、90 年代以来，国内外学术界有关传统中国都市史、市镇史的研究，以及中国历史上的城镇化、城乡关系等的研究，更是成就斐然。诸多的研究对传统中国社会中的都市形态、城镇化进程、城市社会结构、城（市）—（市）镇—乡（村）关系等等，作出多方面、多视角的描述和分析。（冯贤亮，2005；吴滔，2005；吴石吉，1998）但是在有

① 最先研究中国市镇史的是日本学者。20 世纪 30 年代，加藤繁就已经注意到了社会经济发展过程中的都市形态问题，他的研究成果结集于《中国经济史考证》（吴杰译，商务印书馆 1973 年版，共三卷）。此后还有曾我部静雄的《唐宋以前的草市》（载《东亚经济研究》第 16 卷第 4 期）、周藤吉之的《宋代乡村中小都市的发展》（载《史学杂志》第 59 卷第 9 期）等。五六十年代以来，欧美学者开始注意中国历史上的城镇化问题。美国的施坚雅（William G. Skinner）在这方面的研究相当突出，他的《中国农村的市场与社会结构》，最初连载于《亚洲研究》（vol.24.1—3，1964—1965），以区域体系和中心地理论，着力于探讨中国历史上的城镇化过程，在中外学术界产生了极大的影响。日本学者的研究。（以上参见冯贤亮，2005）

关“乡土中国”的讨论中，无论是对传统中国的社会结构的再阐释，还是对中国传统性的文化意义的再建构，史学界的研究成果依然很少被有效地吸纳到社会学、人类学以及思想界、文化界的视野中来。这是颇具意味的现象。

自人类社会在经济系统初步形成农（牧、渔）业和手工业、商业的分工，在政治、文化系统形成政治、宗教、文化、教育等的职能分化后，“城市”便成为基本的聚落形态之一，也是社会共同体的基本存在式样之一。“乡村”与“城市”在不同的社会、在社会不同的发展阶段，都会有内部结构的不同，它们之间的相互关系（城乡关系）亦会有种种差异。例如我们可以看到，在农业占主导地位的传统社会中，乡村往往是社会的主体部分，而在产业化的现代社会中，城市会成为社会的主体部分。但无论如何，在传统社会和现代社会，我们都不难从社会中发现乡土性和城市性。

事实上，西方的社会学和人类学，也为人类社会的这样一种特性提供了具体的认识路径和研究方法。以农村—城市关系而论，虽然P.A.索罗金（P. A. Sorokin）和C.C.齐默尔曼（C. C. Zimmerman）将“农村社会”与“城市社会”视作两种基本的社会类型（理想类型），①但他们并没有将民族国家确定为区分、识别这两种社会的基本单位，即这两种社会类型完全可能同时存在于同一个国家、同一个社会内部。而在美国人类学者罗伯特·雷德菲尔德（Rorbert Redfield）提出的城市—农村连续统理论中，“城市”与“农村”更被视作为蕴含于社会内部的社会属性。雷德菲尔德在对墨西哥一个半岛上的四个集中点（包括部落、农村、集镇、城市）作了调查后认为，在各种地域社会内部，都混合有城市性要素和农村性要素。按照其中的程度差异，一极是有着许多农村要素的社会“民俗社会”，另一极则是具有大量城市要素、城市性很强的“城市社会”，各种地域社会分别处于这个连续系统的不同的位置之上。

从这样一些学术视角出发，社会学、人类学描述传统中国的社会结构、建构中国社会的传统性，本应将相应的城市性纳入进来。但在“乡土中国”的中国观中，中国传统城镇社会的体系及属性，在很大程度上被遮蔽了。对此现象，论及者常以乡村在中国传统社会中所占比重或地位而

① 即城市—乡村两分法，主要以职业、环境、地域社会规模、人口密度、人口的异（同）质性、社会分化（分层）、流动性、互动方式类型等8个指标来区分。

一笔带过。可这并不能构成将传统中国简化为单性的“乡土社会”的理由。乡村占主导地位，这原是包括欧洲传统社会在内的许多前工业化社会的普遍状况。

传统中国社会被阐释为单性的“乡土社会”，这样的建构，首先当归社会学等社会科学的中国视野之功。如前所述，一方面，“现代的西方—传统的中国”是古典社会学二元认识论和西方视角的附属产品。另一方面，自近代以来，对中国社会内部的传统性的罗列和清算，也几乎被中国知识分子视作为社会科学的主要使命，是社会科学研究者的现代性诉求和现实批判的重要表达方式。不难理解，在这样一些内外因素的作用下，二元对比式的中西社会差异比较，往往会挤压社会学理想类型分析工具在中国认识中的学术空间。不仅中国内部的差异性、多样性会被某种特殊的中国观所覆盖，在具体的研究中，对中国社会中某种体系或属性的发现和描述，也往往可能被夸大为“中国的”体系或属性，从而被移用于特殊中国观的建构需要。正是在这样一些深层逻辑的作用下，“乡土中国”作为描述中国内部的基层乡村社会属性的一个理想类型概念，被演绎成了“现代的西方—传统的中国”的同义翻版“城市的西方—乡村的中国”的现成注脚。

以乡土性来概括中国的传统性，多少也与社会人类学的中国研究的传统有关。就如有的研究者所指出的那样，“古典人类学时期，中国是原始‘异文化’的一部分，在剑桥人类学家哈里森的笔下，中国文化甚至被称为‘野蛮’文化；现代人类学时期，中国是西方人类学民族志田野调查的一部分。”“在近一个世纪的中国人类学研究中，中国本土人类学家在一定程度上改变了中国作为西方‘异文化’与‘原始文化’的面目，但其研究也多以乡土社会或民族志研究为基点”。(汪晓云，2007)以农村社区为田野，以村落小团体的个案来描述“中国社会”的特性，一直是人类学中国研究的主要方式。事实上，自19世纪中期以来，西方的以及中国的人类学者也确实扮演了“中国社会”的最重要的解释员角色。中国的乡土性被等同于传统中国的本质属性，与人类学根深蒂固的中国观有密不可分的关系。

众所周知，费孝通先生的乡村调查和《乡土中国》，原是他试图在方法上改变西方人类学的中国研究传统的一种实践努力。他解释说，在由他的老师吴文藻先生倡导的社区分析这方面，现代社会学和人类学的一部分通了家。“社区分析的初步工作是在一定时空坐标中去描画出一地方人民所赖以生活的社会结构”,“社区分析的第二步是比较研究,在比较不同社区的社会结构时,常会发现每个社会结构都有它配合的原则,原则不同,表现出来结构的形式也不一样”。(费孝通,1998:92)他称《乡土中国》是他所努力的第二期,第一期的工作是实地的社区研究。这样的方法,可以使研究者避免以一地一村的经验来阐释整个中国社会的普遍属性的人类学学科倾向。但他实际上还是没有能够避免另一种力量对他的学术文本意义的再建构:他所发现的“包含在具体的中国基层传统社会里的一种特具的体系”,最终被解释成了传统中国社会体系的本身。

正由于上述种种因素的作用,我们可以注意到,存在于西方社会学,甚至西方人类学之中的另外一些思想和理论、方法,亦即另外一些学术的可能性,包括分析城乡关系的一些基本视角,在相应的中国研究中,并没能得到应有的展开。

三、乡土性与中国的现代性

在“现代的西方—传统的中国”的社会科学视野中被构筑起来的“乡土中国”,对于中国人的自我认识和现代性想象,起的是多方面的影响作用。

(1)“乡土中国”的中国观在一定程度上将传统中国社会理解成了一种内部自治、基层自治的社会,不仅经济上、文化上独立于城镇社会,政治上也外在于皇权政治统治系统。①这种将乡村社会悬置于城乡网络结构和政治系统的乡土中国想象,不仅不利于人们对包括城镇在内的传统中国社会作整体性的把握,也不利于人们认识乡村社会自身。包括它在传统中国的政治、经济、文化系统中的所处地位,它的结构维持及功能运行与另外一些社会系统之间的有机关联,等等。不能不认为,近代以来的当

① 关于后者,已有学者提出异议:“简单化的‘拿来主义’却会造成两种偏向:或者无视传统中国的‘编户齐民’性质而大谈小‘共同体’,把传统中国说成一个宗族自治或村落自治的时代,把‘民族国家’只是近代化现象的欧洲历史强套于中国。或者无视中国传统国家的非公民性质而大谈中国的传统‘社会’,把‘(公民)国家’与‘(公民)社会’的二元分析模式用于剪裁中国历史。”参见秦晖:《共同体·社会·大共同体》。

政者和知识分子，通常将“乡村改造”“乡村建设”设想成一个可以独立于城—镇—乡有机连续统以及国家—社会关系而单独进行的社会、文化、政治工程，多少与“乡土中国”的认知局限有关。

(2) 这样一种被单性化了的中国传统性想象，也容易导致人们将本来就蕴含在中国传统性内部的“非乡土”的特性，诸如城镇社会结构、城乡纠葛、(小)市民文化、商业传统，以及这些特征在现代转型过程中的问题等等，想象为西方城市性、现代性植入中国的结果。从而将中国一些根源于传统性内部的、复杂的现代性困境，简单地归结为被外加的、被植入的问题，转而致力于简单地从“中国乡土性”传统中，去寻找抵制“西方现代性”的文化资源。

(3) 差序格局、家族主义、礼治秩序、血缘联结等等，作为中国传统性的核心内容，不仅存在于传统中国的乡村社会，也存在于传统中国的城镇社会。传统中国的乡村社会—城镇社会，以及城乡关系，同样是中国传统性的载体或表现。尽管乡村社会与城镇社会的内部结构和生活方式等会有种种差异，但将中国传统性与乡土性画等号的自我认识，实际上使中国的城市传统被悬置于中国文化传统，将中国的城市性剥离了中国的传统性。这样，中国的城市现代性成为无本之木，这实际上构成了中国城市现代化困境的一个根源所在。①

(4) 在学术层面，我们可以看到，将乡土性等同于中国传统性的中国观，导致在今天的中国，乡村研究与城市研究，不仅处于一种学科过度分离的状态，也处于一种价值关心、问题指向的分化状态中。以“中国传统文化”“文化自觉”“中国现代性”等为问题关心的学者，纷纷转向“乡土中国”“三农问题”的讨论，而将城市研究视作现代性内部的，甚至操作层面的学术研究。但由于既有的“乡土中国”论对中国的传统城市性、城乡关系传统，以及现实的中国城市化问题、城市现象等缺乏必要的展开，这不能不使得相应的“中国传统性”“中国现代性”讨论陷入一种先天的缺陷之中。

就费孝通先生的研究而言，自 80 年代开始，他曾致力于对中国小城镇的调查研究。这应是他基于对传统中国的城市—市镇—乡村关系的有机关系的认识，而思考、探索中国城市化、现代化道路的一种学术实践。

① 笔者并认为，今日知识界为传统乡村社会的解体而忧虑，但对传统城镇社会的被破坏却无动于衷，这多少与人们对中国城市性传统及其重要性的缺乏认知有关。

他对于江苏地区的小城镇、城乡关系、苏南苏北的地域间差异等的描述和分析，曾带动了社会学及其他学科对乡镇企业、小城镇的研究热潮。他的《小城镇　大问题》及有关“农村工业化”“城乡一体化”、发展小城镇的城市化思路也曾对当时中国的城市化道路的规划产生了重要影响。从传统中国的“城市—市镇—乡村”式的城乡关系模式出发，将“城镇化”设计为中国城市化、现代化的道路，这不失为一种从中国传统性中发现中国现代性源泉和出路的大思路。

从80年代兴起的乡镇企业中，有的学者也敏锐地捕捉到了一种区别于“西方现代性”的“中国现代性”的雏形，认为乡镇企业模式是重振中国文化的希望所在。“源远流长的传统中国文化，与同样源远流长的传统乡土中国，向来构成难解难分的共生体。近代以来文化中国的日渐凋零，亦与近代以来乡土中国的日趋衰败相同步。由此而言，中国文化的创造性自我转化、将不可能完全脱离乡土中国的创造性自我转化。但同样可以认为，一旦乡土中国自我转化的历史契机现身出场，那么文化中国的再获新生或已将为时不远。”（甘阳，1992）但是，这一种判断，依然是将单性的、基层的“乡土社会”确定为传统中国、“文化中国”的载体，同时将中国传统乡村社会的自我转化，视作文化中国再生的前提条件。按这种思路，当乡镇企业模式开始式微、“三农”面对困难时，“中国文化的振兴”自然也就失去了希望。

类似的思路及其逻辑困境，同样存在于今天有关中国现代性、中国文化的讨论中。从“中国传统性＝乡土性”的中国观出发，当人们试图从中国传统性中发现“中国现代性”的源泉以实现传统与现代的某种文化对接的时候，“回到乡土社会”，便成了必然的也似乎是唯一选择，乡土性被当成了拯救中国现代病、文化败血症的灵丹妙药。与此同时，由于城市性在传统中国观中的缺失，“城市”被有意无意地划入了“西方现代性”的范畴，在中国的现代性中也被当成了被植入的非本土文化的东西。这多少阻碍了关心中国现代性、中国文化问题的中国知识分子对中国城市化问题、城市现象的真诚关注。由此导致的结果，不仅是知识分子对中国的城市现象的失语，还有“三农”问题研究的内在困境——从被悬置于城—镇—乡有机关系的“乡土中国”之中，是难以找到拯救“三农”的有效方略的。

我们需要反思的，不仅是中国的现代化道路，还有问题意识的起点——关于“中国”的自我认识。需要重新确认传统中国、重构中国的传统性。为此，我们首先应该重新审视二元认识论对于中国人的“中西观”的深刻影响，需要反思传统中国观对“中—西”之间二元对立的异质性的固执以及对作为中国传统性的乡土性的迷恋。此外，要特别强调的是，思想者、文化研究者以及社会学者应该充分地尊重、吸纳实证史学的学术成就。

中国社会学史中的城市困难群体研究:经纬和课题①

在中国社会学界,有关社会分层问题和反贫困问题等受到研究者的普遍关注。但是如何开展对城市困难群体的调查和研究,还有一些问题值得我们思考。

我曾从事有关城市困难群体、征地农民、城市外来民工等的有关调查,在这过程中涉猎了中国城市社会学史中的一些相关研究。在这里,试图对中国城市困难群体研究的经纬作一番梳理,在此基础上就如何进一步展开对城市困难群体的社会学研究提出几点看法。

一、早期社会调查中的城市困难群体研究

(一) 20 世纪初期基督教会和外籍教师组织的城市社会调查

中国 20 世纪初期的城市社会调查是与社会学的传入及发展紧密相联的。社会学传入中国的主要渠道之一是教会学校。1908 年上海圣约翰大学开设社会学课程,1913 年上海沪江大学创立社会学系,这是我国最早的一个社会学系。1917 年,沪江大学社会学系为配合教学创立了"沪东公社",为上海杨树浦一带的工人提供社区服务。

第一次世界大战期间,中国的民族工业有了相当发展,由于工业化和城市化引发了一系列劳工问题,基督教青年会遂进行了一系列城市劳工以及其他问题的调查。一些教会学校的教师也主持、组织了一些社会调查活动,形成了一个社会调查运动。早期的社会调查多由外国传教士或外国教师主持,在调查内容的选定和方法的运用上受美国的影响非常大。

---

① 笔者指导的硕士研究生罗国芬对本文有重要贡献。

当时主要的城市社会调查有：

1914 年，北京青年会发起了“关于北京 302 个人力车夫生活情形”的调查，这是我国第一个城市人力车夫的调查，拉开了中国早期社会调查运动的序幕。

1917 年，清华大学美籍教授狄德莫(G. G. Dittmer)指导该校学生(当时清华大学设有社会学课程，但尚未设社会学系)对北京西郊 195 户居民的生活费用作了调查分析，其中汉族人 100 家，满族人 95 家，职业包括工人、农民、车夫、军人、木匠、理发匠及少量学人等。

1918—1919 年间，燕京大学社会学系主任步济时(J. S. Burgess)和美籍传教士甘博(S. D. Gamble)等仿照美国茹素斯基金会组织的春田调查(spring field survey)，在北京进行了一项较大规模的城市调查，调查内容包括北京的社会状况，涉及历史、地理、政府、人口、健康、经济、娱乐、娼妓、贫民、救济、宗教等项目，调查结果于 1921 年用英文在美国发表，书名为《北京：一个社会调查》(*Peking*：*A Survey*)。

1924 年，基督教会的齐鲁大学社会学系学生在中外教师的带领下，对济南市社会概况进行了调查，包括济南市的历史、地理、人口、行政管理、公共事业、地方财政、劳动制度、教育制度、娱乐活动、娼妓、工业状况、生活水准、住宅、慈善事业、教育体制、文化和教育机构、宗教机构、妇女动向、家庭状况、基督教活动等方面，内容可谓相当全面丰富，调查结果以《济南社会一瞥》为题于同年用英文发表。

(二) 20 世纪 20 年代开始中国社会学家从事的城市问题调查

20 年代初，中国的社会学者也已经开始作一些小规模的社会调查，如沪江大学对广东凤凰村的调查及对沈家行的实况调查，李景汉对北京人力车夫生活费的调查等。初期的调查多侧重于对农民工人生活费用的调查。

自 20 年代始，一方面，一些中国学者开始对西方人主持的调查感到不满足，据费孝通教授回忆，“(30 年代)燕京大学社会学系一部分不满足于社会工作的师生，我也是其中之一，提出了‘要理论’的愿望。但是又感到英美资产阶级的‘社会理论’不合中国情况；怎么办呢？于是想从社会调查入手。但是当时又认为甘博尔(即 S. D. Gamble，也译为甘博)、布济斯(即 J. S. Burgess，也译为步济时)以及清河和定县这类社会调查太肤浅，解决不了问题，想另求出路。”(费孝通，1999：32)另一方面，随着中国社会学教学、科研队伍的逐步形成和教学科研机构、学术团体的成立,中国社会学者也开始有条件作自己的尝试。他们致力于将社会学的理论和方法同中国的社会实际相结合。全国性的调查研究机构逐步建立,中国社会学者自己组织、主持的大规模的社会调查相继展开。

当时主要的调查机构有“社会调查所”及“中央研究院社会科学研究所”。社会调查所的前身是1926年成立的中华教育文化基金董事会社会调查部,1929年更名为社会调查所,所长为陶孟和。该所做了大量的调查研究。其中比较有名的是:李景汉的《北平郊外之乡村家庭》、陶孟和的《北平生活费之分析》、杨西孟的《北平生活费指数》等。此外还可以看到一大批调查成果:林颂和的《塘沽工人调查》(社会调查所),杨西孟的《上海工人生活程度的一个研究》(社会调查所),施裕寿等人的《山东中兴煤矿工人调查》,麦倩曾的《北平娼妓调查》(《社会学界》1931年第5卷),许仕廉的《一个市镇调查的尝试》(《社会学界》1931年第5卷),牛鼐鄂的《北平一千二百贫户之研究》(《社会学界》1933年第7卷),刘宝衡的《上海市人力车夫生活状况调查报告书》(1934年,市社会局),杨西孟的《上海工人生活程度的一个研究》(社会调查所),社会局的《南京社会》(1934年,南京局),杨蔚的《成都市生活费之研究》(1940年,金陵大学农学院),史国衡的《昆厂劳工》(1943年,商务印书馆),社会部的《成都社会概况调查》(1944年,社会部统计处)等等。

(三)早期城市困难群体调查的评价

自《北京:一个社会调查》出版以后,全国兴起了社会调查之风。其后,20年代开始,大量模仿美国城市社会学、人类学进行的社会调查涌现出来,内容主要涉及人口、劳工、风俗、妇女、教育、灾祸和社会概况等。各类社会调查数以万计。据燕京大学社会学系学生统计,仅在1927年到1935年的9年间,全国各类大小社会调查报告就有9027件之多。

综观这些调查,我们可以看到几个较突出的特点:(1)对下层群体的关注。除上述那些调查成果外,还有如中央研究院社会科学研究所王际昌于1929—1930年间指导40多人对上海市杨树浦工人所做的调查。(2)重视对“生活”的调查研究。突出的如陶孟和于1926年到1927年间所作的《北平生活费之分析》。他采用了家庭记账法,对北平48家手工业工人的家庭生活费进行了6个月的调查,对12家小学教员的家庭生活费进行了一个月的调查后写成的。采用日用账簿法进行调查在当时还是个创举，此书是在国内采用记账法调查工人家庭生活费的第一本书。之后在各地的对生活费的调查，大多采用此方法，因此其在方法上是有较大贡献的。(3)理论、方法上的成就具有较明显的局限性。在调查内容存在分散重复的问题。在方法上借鉴外国的较多，自主创新的较少，调查手段比较单一，主要采取问卷调查的手法。此外，缺乏学术上的提升，以社会调查为工具、具有社会学理论趋向的调查较少见。(4)缺乏政府的制度性支撑。中国的各级政府一直没有实施对城市贫困状况的制度性调查，这不可避免地限制了社会学者和各种民间机构的调查成果以及解决问题的实际成效。

总的说来，中国早期城市生活调查的开始早于城市社会学学科的建立。当时的调查绝大多数以了解、反映社会现实，从而改良社会为主旨。从某种意义上说，这些调查体现了中国社会学在起步时就初步具备了关注社会公正问题的基本的学科性格。但由于研究队伍的学术准备等条件的限制，这些调查往往缺乏一定的理论支撑，在学术上的收获显得不甚突出。与当时调查者们主要师法的美国城市社会调查和城市社会学的研究相差甚远。例如这些调查没有从社会结构入手来分析、解释问题。在具体的调查中也没有采用同时期美国芝加哥学派的城市生态学等方法，在城市人文区位学等方面作出尝试。

从 20 世纪 30 年代开始，农村社会学在中国兴起。农村复兴运动的开展以及农村社会调查开始逐渐取代了城市社会调查的主导地位。据赵承信先生统计：1927 年所有地方社会调查中，68.6％是城市社会调查，6.5％是农村社会调查，其余的多为全省性调查。而到 1933 年，农村社会调查首次超过城市调查，到 1935 年，城市调查降至 23.8％，乡村调查则升至 37.8％。这种现象的背景，是中国农村问题的日趋严重，政府开始推进农村问题调查。许多调查项目被政府的有关部门接收，列入经常性的调查项目，成为政府行政工作的一部分。随之，城市社会调查开始衰落。

二、社会学重建以来的城市困难群体问题研究

（一）城市调查的停止和恢复

共产党执政初期，曾有一些社会学者参与了城市的社会改造运动并

取得了一些调研成果。在广州市,岭南大学社会学系的师生在杨庆堃的带领下,曾参与了对妓女、乞丐的调研和改造工作,何肇发还根据这次参与收容改造活动中对乞丐的调查活动写了一篇论文,《广州市乞丐的个案研究》(何肇发,2001:278)。

50 年代开始,一方面,随着社会学专业的被取消,社会调查活动在中国基本上消失。另一方面,随着新的意识形态和社会制度的确立,有关"阶级""阶层"的概念发生变化。在 1956 年社会主义改造运动之后,"剥削阶级"作为一个阶级实体,被认为已经不再存在。整个社会中只存在两个阶级、一个阶层,即"工人阶级""农民阶级"和知识分子阶层。与此同时,工人阶级和农民阶级作为执政党的阶级基础和主要"同盟军",被认为实现了政治上和经济上的"翻身","贫困""下层"这样的概念及问题,也随之消失。

中国的社会学专业恢复于 1979 年。1981 年,刚刚成立的中国社会科学院社会学研究所在北京市宣武区椿树胡同开展了城市社区研究,对居民生活、家庭婚姻等问题进行了调查。自那以后,各种城市社会问题的调查和相关的学术研究越来越多,调查和研究也渐趋深入。80 年代以来比较著名的城市社会调查有:

1983 年 10 月,天津社会科学院社会学研究所同天津市人民政府合作,进行了"天津市千户居民问卷调查",调查涉及天津的 9 个市区、35 条街道的 1000 户居民,内容涉及城市居民社会生活的各个方面以及居民对政府工作的评价。后来,天津市的做法还坚持了下来,其他很多地方的政府也仿效天津的做法,开展了类似的城市居民社会生活调查,为政府决策提供科学依据。比如浦东新区政府与上海复旦大学社会学系合作进行的浦东居民调查也属于这一类。另外各地政府也有一些城市发展和市民生活调查,如上海有《2002 年上海社会发展蓝皮书——城市管理与市民素质》。

(二) 90 年代以来的调查研究

90 年代以来,有关困难群体的调查和研究,社会学家主要在以下几个方面取得了令人注目的成就:(1)下岗工人问题研究;(2)社会分层研究;(3)社会贫困问题研究。

90 年代开始,大批国营企业、集体企业工人的下岗成为一大社会问题,与此同时,"社会分化"和"城市贫困"问题开始在中国社会中凸显。也因此，对以上诸问题的研究几乎是在同时期成了社会学家的研究题目。这种调查研究受到各级官方科研机构和政府部门的牵引和支持。自 90 年代后期以来，在国家和各省的各种科研项目的设置中，下岗工人问题、社会分层问题、城市贫困问题等一直占据一席之地。相应的成果也大量面世。

在各种研究成果中，李强的《当代中国社会分层与流动》涉及工人的问题和“城镇职工中的贫困层”问题。而在他和胡俊生、洪大用合著的《失业下岗问题对比研究》中，城市失业下岗群体的问题得到了具体的分析和国际比较意义上的研究。在 90 年代以来的各种社会调查中，李强的一系列实证性调查对于中国社会学界产生了较大的影响。

“城市贫困问题”多与反贫困（扶贫）和社会保障等问题联结在一起。除了各种政府科研项目外，世界银行、亚洲发展银行、国家统计局、民政局等部门推动了课题的展开。关信平、洪大用、王有娟等一批研究者从事了相应的调查研究。关于中国城市贫困的概念定义、模型分类、规模状况、形成原因、扶贫政策等问题，已出现有相应的成果。

“社会分层”研究在前几年的中国社会学界曾是个很热门的题目，各地也出现过一些较有价值的调查报告。其中影响最大的当数中国社会科学院社会学研究所的《当代中国社会阶层研究报告》。该报告将“阶层”概念从社会学界推向了全社会。同时它明确地将各种以职业群体划分的阶层作了等序排列（“十大阶层”）①，并进而将中国社会划分为五个层级。这样的研究，使城市社会的困难群体较清晰地浮现了出来。

三、城市困难群体研究面临的课题

（一）关于“城市困难群体”的概念和社会构成

在 90 年代以来的社会学研究中，关于城市困难群体，如上所述，虽然已有不少相关问题的调查研究，但城市困难群体一般被表述为“下岗工人”“贫困群体”“弱势群体”等特殊的群体。如何将“城市困难群体”作为

① 国家与社会管理阶层；经理阶层；私营企业主阶层；专业技术人员阶层；办事人员阶层；个体工商户阶层；商业服务人员阶层；产业工人阶层；农业劳动者阶层；城市无业、失业和半失业人员阶层。（陆学艺，2002）

一个独立的概念加以确立,并进而展开研究,仍是个课题。

相对于具体的贫困群体,作为一个阶层概念,“城市困难群体”的涵盖面应该更广,其区分标准也不应限于财富收入。同时,“城市困难群体”存在于城市社会,它既区别于农村社会的贫困层,同时也应该包括所有城市中的困难居住者,而非专指具有城市户口的居民。此外,“城市困难群体”问题的学术所指,是与困难居民生活状况相关的方方面面。而即使是“贫困”问题,它也不只是经济收入的问题,现代城市社会中的“贫困”问题涉及社会制度、产业结构以及相关者的社会资源、文化资源、种族—民族、居住区域、生活式样等各个方面。

关于城市困难群体的基本构成,国内已有的城市贫困研究主要从社会保障制度的角度出发,将研究对象局限在有城市户籍的城市居民范围。无论是基于关注社会事实本身的学科理念,还是基于对城市社会问题的关心,研究者都应该将城市中所有实际的居住者列入研究范围。从中国一般城市社会的状况来看,可以认为,所谓“城市困难群体”大致由以下几个方面构成。

(1) 原有城市困难群体成员及其家庭。包括旧贫困街区(如上海的“棚户区”)居民、低收入劳动者、无保障老年人、病残人等及他们的家庭。

(2) 新形成的城市贫困成员及其家庭。90年代以来遭遇下岗失业的人员、回城知识青年(包括支边青年、下乡知青等)、退休回沪人员、犯罪人员等的家庭等。

(3) 征地人员中的贫困层。郊区被征地的农民,作为“农转非”人员,其职业、身份都已非农化,许多征地人员的居住地也已城镇化,他们应该被纳为城市社会研究的对象。他们中的大部分人或者从事低收入劳动,或者失业待工,正成为城市困难群体的重要组成部分。

(4) 定居于城市的外来务工人员及其家庭。包括从事低收入体力劳动的工人、保姆,以及从事摊贩等各种杂业的流动人员。这些人尚不被承认为城市人,但他们居住、工作、生活在城市,其中的大部分人特别是年轻人也不再会回到农村。虽然社会保障体系还没有将他们纳入,学术界也多将他们视作“流动人口”,但事实上他们已经成为中国城市社会中的有机组成部分。

(二) 关于城市困难群体研究的视角和方法

在既有的调查和研究中,有一些倾向值得我们关注。

首先我们可以看到,研究者较多地站在行政职能部门的立场上设定问题、研究问题,从问题意识到概念设置,主要源自行政职能部门的实际需要及其制度框架,缺少相应的学科视角和学术空间。正是在这种情况下,城市中那些没有本地户籍的居住者一直没有被学者视作“城市居民”。在对城市社会的研究中,国外已有的城市社会学的许多理论、方法和研究成果也迟迟没有被运用到中国城市社会的研究。

其次在有关城市贫困群体、弱势群体的既有研究中,一方面,关注宏观结构的多,研究具体的社会生活、社会行为的少。另一方面,虽然有不少研究出自社会学者之手,但其问题关心接近于人口学、经济学、行政学等。现有的对城市新移民、外来基层劳动者的研究,不少社会学者将问题视作为“流动人口”“人力资源”的问题,较多的基于的是对社会城市化、城市发展、经济效益或社会秩序稳定的关心。而在现有的城市“社区建设”问题的研究中,困难群体社会的问题往往被忽略。

基于中国城市社会迅速分化的事实和既有研究的现状,有必要在以下几个方面作相应的研究尝试。

(1) 城市生态学的研究

区域分布是现代城市最基本的特征之一,城市生态学研究也是自美国芝加哥学派以来各国城市研究者一直在努力实践的研究范式。在中国,各种类型的城市的区域分布的形成、变化及其对于阶层分布的影响等,除了一些城市史研究者有所涉及外,社会学界还少见有研究者关注。在城市开发、城市改造的风潮中,城市规划与城市下层区域的变化趋势、各区域公共资源的享有、配置状况(包括交通、商业、教育、服务设施等)对居民阶层的分布所起作用、各种区域的阶层和文化特征又是怎样地影响着居民的生活形态等,都是有待研究的课题。

(2) 生活结构理论的导入

生活结构理论在各国的城市生活研究中已被广泛运用,从这个理论视角出发,经济学家将生活习惯、生活态度同劳动力的再生产与家庭开支的平衡问题放在一起来分析。福利学的学者则研究构成家庭及其连续、循环性运转的诸要素、诸关系的结合式样或形态。而社会学家主要研究由所属阶层、居住地域、所属团体等所规定的、交织而成的城市人的生活式样(pattern)。

在中国社会学界,已经有一些研究者开始关注城市贫困层的“生活形态”问题,但关于“生活结构”,还未见有相关概念和理论的介绍。以生活结构理论为参照,在对城市困难群体的研究中,我们需要研究构成困难居民生活的诸要素,以及这些要素间的各种关联的总体。具体的如研究人们生活领域中物质的、社会的、文化的诸条件和时间的、空间的框架,还有具体的行为类型的体系。这样的研究,需要对各种关系作出分析,如生产与消费的关系、劳动与休闲的关系、生活目标与生活手段的关系、家庭目标和成员个人目标的关系、区域特征与各类贫困家庭的生活形态的关系等。

由于80年代以来中国城市社会经历了社会体制和产业结构的多重变化,又正普遍经历着城市大开发,如何重建生活,已经成为城市困难群体的一个严峻问题,对困难群体生活结构的研究十分迫切。

(3)国际比较研究方法的运用

对于现代城市社会的贫困问题、城市困难群体问题的研究,一方面离不开对全球化问题的认识,另一方面,又必然地涉及如何理解各国城市问题的共通性和差异性的问题。近年来各种各样的国际共同研究、比较研究越来越受到各国研究者的重视。这样的研究不仅为全球化背景下的城市研究所必需,同时也正在催生着"国际社会学"这一新领域的形成。这可以说是各国社会学研究者共同的课题:他们要研究各国具体的、实际的现象,同时必须去捕捉、解释那些超越国界的现象。

本文探讨的主要是社会学如何开展城市困难群体研究的问题。但我们知道,对城市困难群体的调查和研究,并不仅仅是社会学研究者的工作。在中国,起码有两项工作是需要政府和学界去共同努力:一是各级政府需要把对社会分层状况和城市贫困状况的调查加以制度化,也就是定期地、规范地开展较大规模的调查;二是学术界需要展开跨学科的共同研究,如在城市生态研究、社会生活研究中,社会学需要与文化地理学、生态学、社会心理学、历史学等的交叉。对于中国的社会学界来说,一方面,它本身依旧存在着学科如何进一步专业化的问题,即从传统的人文科学中真正独立出来,更为规范地建设相应的专业领域。另一方面,现实又迫切需要它展开跨学科的交叉研究。

“转型”“发展”与“现代化”：现实判断与理论反思

对于70年代末以来由国家权力系统所主导，并得到社会广泛呼应的“改革开放”政策以及“市场化”“城市化”等运动，中国社会自上而下地、充满浪漫激情地为之赋予了“发展”“转型”“现代化”等属性定义及其意义。与之相匹配，这些年来，在中国社会学界，现代化理论、发展理论，以及社会转型理论等也成为人们用以分析、阐释当前社会变动现象的主要几种理论范式。(孙立平，2002；孙立平，2008；周晓虹，2010)

但是，在变动的中国社会，社会学者不能不经验种种困惑——埋首研究、抬头望路的学者不仅需要随着中国经济的迅猛发展以及社会矛盾的变化而调整对中国作为乡土社会或发展中国家的属性判断，并对既有理论范式作出反思，同时还可能承受着对种种中国难题作出回应的理论压力。①西方学界的既有概念框架，都不能简单替代中国学者对社会属性和演变过程的分析定义。将中国社会置于全球背景下、持续地对社会事实作出甄别，同时在与国际学术界有效对话的基础上对既有概念理论不断反思，这些应该成为立足本土社会研究的学者的重要工作。

现代化理论曾是中国学术界解释70年代末开始的“改革开放”运动的主要理论，近些年来，随着现代化理论在各国受到普遍的质疑和批判，同时也由于中国社会演变进程呈现的实际轨迹和问题，转型理论、发展理论以及其他各种后现代理论取而代之为中国学术界提供了种种新的研究范式，也有力地推进了学术研究的深入和多样化。但是，面对今天中国学

---

① 例：2012年初，清华大学社会学系社会发展研究课题组、清华大学凯风研究院社会进步研究所第三份“社会进步研究报告”《中等收入陷阱还是转型陷阱?》在清华大学社会发展论坛上发表。该报告以“转型陷阱”概念概括了目前中国发展进程中的问题，并提出了相应的分析框架。该报告参见孙立平的博客：http://sun-liping.i.sohu.com/blog/show/entry/list.htm?cid=8888622。

术界不无混乱的“发展”话语,以及现实的“转型”困境,有必要重新对“现代化”概念在中国的意义作出甄别,并认真反思各种理论在中国的适用性和局限性。

一、转型理论的价值与困境

转型理论或者“post-socialist”视角等被援引到对当前中国的社会变动的研究,首先应该是与人们对 80 年代以来中国社会演变与苏联东欧所发生的剧变的某些类似性的判断有关。同时,在实际的研究实践中,相关的理论范式和视角也确实为中国问题的研究者提供了富于适用性的探讨路径。除了如“从计划经济向市场经济转变”这样的基本事实之外,近几年来,在中国的政治社会学领域,“国家—社会关系”成为一个突出的理论范式,被研究者用来分析权力系统在市场化、产业化、城市化进程中的突出作用,以及发育中的社会的现状及困境。①

更多的学者,则将国家—社会关系的理论用以定义和分析当今中国党政权力系统与社会之间的复杂关系。与早期现代化理论视野下对“社会”的乐观期待相比较,今天在转型理论范式下的国家—社会关系研究,不论是持国家主导说、国家—社会粘连说,还是国家—社会关系紧张对立说,学者面对基层选举、社区建设的现状,以及各种社会成员艰难的维权行动、社会团体生成发展所遇到的重重阻碍,基于对国家重构、权力再生能力的了解,以及对国家(包括各级政府)主导经济发展、引导社会建设能力的了解,不能不重新开始思考在作为社会主义国家的中国,“社会”是否可能、如何可能等这样一些严峻的问题。这样的思考也推动了社会学的国家研究。

研究者必须借助国内外既有的思想资源、理论路径以求往前探索,唯此我们才能逐步接近真正的问题。但是,今天我们不能不面对的一个基本问题却是:中国社会当前的变化,到底是一种什么样的“转型”? 换句话说,它与先发国家的现代化进程有什么不同? 同时它与苏联东欧等国家

① 关于转型理论在中国的研究实践,包括理论空间的想象和对实际路径的分析,孙立平教授在《实践社会学与市场转型过程分析》《社会转型:发展社会学的新议题》等论文中有较完整的阐述(孙立平,2002;孙立平,2008)。

的转型之间的相似性和差异性到底怎么样？假若我们把中国置于 80 年代以来东欧各国甚至拉美、南非等国家的转型的背景（或者如亨廷顿所说的世界第三波民主浪潮）中来看，我们不能不考虑，在我们的“转型社会研究”中，我们首先必须认真面对这样一个事实：中国实现了从计划经济体制向市场经济体制转型，中国特色的市场经济体制，除了具有市场经济体制的共同特点，有着自身的特色，甚至发展了原有政治体制在内的一系列根本性改变。

这对于我们“如何借鉴并发展转型理论”事关重大。首先，既有的转型理论主要来源于于各国学者对世界各国转型历程的研究。其次，在“传统的社会主义”与“发展中的社会主义”之间，到底什么是最重要的、本质性的区别？当下中国正在发生的变化到底意味着些什么？对这些问题，我们尚缺少规范的理论化；对已有的各种概念的运用，我们也缺少必要的重新概念化过程。现实中，我们确实看到了 70 年代与 80 年代之间、80 年代与 90 年代之间，以及 21 世纪与 20 世纪之间的各种令人眩目的变化，包括我们想看到的或不想看到的。对社会延续性和断裂性的认识和甄别，需要时间（历程的展开、功能及属性的显现），需要研究者对社会事实及其逻辑的不断的发现，以及对意义的持续探索。

我们无法否认，今天中国之所以会有种种经济奇迹，同时又会有一些新的社会问题，现代化规划某些不合理之处也正与社会普遍认同的诸如公正、平等、自由、民主等现代化理想目标相背离。也因此，在经济高速增长的今天，我们看到，一些权利侵害、财产掠夺、人身迫害，以及尖锐的社会冲突、矛盾，不幸正再次成为这个社会的“改革之痛”。

从这个意义上来说，今天我们需要拿世界各国的转型经验和转型理论来作我们的研究参照，不是为了要便利地解释中国，而应该是为了找到真正合适中国的解释路径。

二、发展理论的参照意义及适用性问题

中国本是“第三世界”理论的发明国之一，长期以来也习惯于将自己定位为“发展中国家”。在 20 世纪 90 年代以前，在考察、分析经济发展状况和社会权利状况时，有些学者也倾向于将中国归类到发展中国家一类。但有意思的是，在有些对现代化理论持批判态度而致力于以发展理论阐

释第三世界命运的西方学者及第三世界学者那儿，中国并不被认为是发展理论的合适对象。就像吉登斯曾明确表示的，他倾向于将包括苏联、东欧、中国、古巴及其他一些国家列入“第二世界”。他认为这些国家通过改造或严格限制私人资本，建立起计划经济的制度安排，从而使自己从迄今为止的仍然存在于西方和第三世界国家的剥削关系中抽离出来。（吉登斯，2007：112）与此同时，在另外一些以“第三世界”“后发展国家”（late developers）、“后后工业化国家”（late-late-industrializers）为对象所展开的实证性调查研究、比较研究的文本中，中国也较少被放到一般的亚非拉国家中去加以比较。

显然，在中国与一般意义上的“发展中国家”之间，存在某些异质性——首先，在作为社会主义国家的中国，国家（state）是组织社会政治生活、经济生活的强有力的主体。也因此，高度集权理论等等，往往被各国学者用作分析中国的理论范式。

尽管如此，那些基于发展理论（或现代化理论）的经验实证研究、国际比较研究等，特别是对第三世界和后发国家及地区的实地调查，让我们得以了解当今世界各地极为复杂和严峻的各种城市问题，包括城乡间的鸿沟及城市移民贫困、住房条件的极度恶化、城市贫困群体的犯罪问题，以及越来越严重的城市居住环境问题、空间不公问题等等，（Alan Gilbert & Josef Gugler，1992；Peter Evans，2002）这些问题在当今中国的一些城市，也能见到。此外，学者对后发展国家城市现状的研究，在强调这些国家区别于西方国家的特殊性的同时，多注重于全球体系下的国际关系，以及国家外部条件等对于后发国家社会变迁的影响，这些对于现代化理论无疑是重要的修正或补充。其对于后发展国家在全球资本主义体系中所处的依附的、边缘的地位的分析，为我们了解全球资本体系下国际间不对等的经济、政治关系，以及发展中国家内部社会问题深刻的全球背景，提供了重要的参照。

不仅如此，有关后发国家经济增长的内部机制的各种研究，对我们亦富有启示意义。如阿图尔·科利（Atul Kohli）对国家干预模式的研究。阿图尔认为，组织和运用国家权力的方法对全球边缘地区的工业化速度和模式有决定性的影响。他以印度、尼日利亚、巴西和韩国为四个典型案例的研究，确定了后开发地区组织和运用国家权威的三种历史模式：新世袭性国家（neopatrimonial states）、凝聚性资本主义国家（cohesive-capitalists）、分散性多阶级国家（fragmented-multiclass states）。（阿图尔·

科利，2007：9—14）在这些类型中，权力集中性、权威结构对社会的深入，以及权力对意识形态的运作、政治控制等等，让我们对于“国家主导”之于快速工业化模式的意义，获得重要的理解角度。

颇具意味的是，发展理论往往被有些中国学者拿来对“中国经验”或“中国模式”作出解释。但在一些中国经验阐述中，论者将发展理论对于发展中国家工业化、城市化过程中发生的种种问题的研究，以及引出的讨论，简单地套用于中国，以说明中国发展模式具有的对抗“西方”或“新帝国主义”的正面意义，以及中国所有的制度问题/社会公平问题主要根源于全球资本体系对中国的压迫的道理。这样的一些解释，在理论上存在着将全球化问题简单地理解为西方化（美国化）问题，以概念化的西方批判取代严肃的资本主义批判、国家主义批判、全球化反思（包括对全球化过程中的国家角色的反思批判）的倾向，在方法上以外部因素决定论遮蔽了对国家内部关系的分析。而即使是对外部因素的分析，也存在着将国际关系简单处理成对立关系、单向度关系的倾向。世界作为人类共同体的一面被忽略，包括国际间文化价值的多面向的传播，以及国际社会间各种形式的相互支持的关系（这其实是发展理论中一个重要的方面）。

而现实中，在当今的中国（以及历史上的中国），并不存在西方制度的简单移植。作为20世纪最主要的社会主义国家之一，且今天依然由共产党领导、党和政府依然掌握着国家主要经济命脉和全部政治系统、国家机器的国家，无论如何，对国家权力系统和政治制度的关注，都是研究者无法回避的任务。

三、多维度的“现代化”：对理论反思之反思

20世纪70年代末以来，在中国社会科学领域，“市场化”“产业化”以及“城市化”“城市发展”等等，主要是被置于现代化的意义框架中加以阐释的。通常，作为社会学的一个基本概念，“现代化”（modernization）被认为涵盖了两个方面的内容：一是作为普遍的社会过程的现代化，包括了工业化、政治现代化等复合的过程；二是作为社会发展模式的现代化，主要由五六十年代美国结构功能主义学派的社会学家所倡导。（David Jary & Julia Jary，1991：312）

也就是说，“现代化”首先可以被理解为一种客观的社会过程。在不

同的国家和地区,"现代化"也往往被用以对近代以来的社会变动过程以及国家目标的定义,包括产业化、城市化等经济、社会运动,也包括民族独立、政治民主化的过程,以及由政治、文化、社会精英发动的各种政治运动和文化、社会运动。在社会学的视野中,现代化本质上是个人与社会、社会与国家之间关系的联结方式的转变,体现为社会诸领域的形态转变,以及组成社会的各系统间关系的转变。作为不同国家或地区的社会实践运动,现代化不管是否存在什么样的模本(如美国式资本主义的,或苏联式社会主义的),现实中它一方面不可避免会受制于国际关系,另一方面也必然地生长于本土的各社会系统之中。

与此同时,"现代化"也是一种理论路径。对社会从传统型到现代型的变化的阐释,正是社会学最初的,也是最重要的宗旨。或者说,对资本主义社会现代化困境的解答,原是社会学产生和发展的动因。在实际的理论路径中,有关"传统—现代"的二元式认识方法及其相关的类型化分析方法,普遍地存在于古典社会学和现代社会学之中。这其中,作为战后美国社会学最具影响力的理论之一,"现代化理论"曾成为社会学解释非西方国家社会变动的最重要的范式(典范,paradigms)①。对各国社会变化作结构性、趋同性阐释的现代化理论曾直接影响了西方当代社会理论和主流意识形态,也在很大程度上影响到了西方的中国研究,以及 80 年代以来的中国社会学。虽然这样一种具有西方中心主义色彩的社会学理论后来遭到了反思和批判,但它深深地影响了现代社会科学、社会理论的形成和发展,甚至也渗透于当今各种后现代理论。

然而,在中国的学术界、思想界,"现代化"已是一个颇多歧义的命题。

一方面,在最近几年关于现代化问题的讨论和反思中,存在着将"现代化"等同于"西方化"(甚至等同于"美国化")的某种倾向,且存在着将"现代化"概念与"现代主义""西方现代性"等概念相混淆的倾向。此外,一些学者还倾向于将西方左翼理论与现代化理论相对立,用中国的特殊

---

① 大致而言,这派理论的主要观点包括:(1)与"现代社会"相对照的是"传统社会",后者被认为是阻碍经济发展的社会形态;(2)所有社会都通过普遍类似的进化阶段实现现代化;(3)第三世界国家需要代理人来帮助打破传统;(4)这样的代理人可能是社会内部的现代化精英,也可能是由外部注入的资本、教育模式等等;(5)在当代第三世界各国,有可能存在复合经济和复合社会,即一些地区为传统模式,而另一些地区特别是城市地区经历现代化。(David Jary & Julia Jary, 1991:312—313)

性来否定现代化理论所蕴含的普遍性，以及现代化理论解释中国事实的适用性。从这样一些现象中，我们不难看到，“现代化”概念具有的多维度的特性被相应忽略，这构成现代化问题讨论的潜在障碍。

另一方面，由于美国结构功能主义社会学者倡导的现代化理论受到了种种质疑和批判，近年来，“现代化”概念在中国社会科学领域的意义空间受到相应压缩，不仅是它作为近代以来中国社会最具历史重要性的“社会过程”的一面被淡化，它在中国社会的文化价值系统中的存在及其意义，也多少受到了遮蔽。

这里想要特别指出的是，“现代化”在中国，不仅是一种社会过程和一种理论路径，它还是一种价值理想。

自 19 世纪 40 年代以来，最普遍地、深刻地驱动着中国社会持续变动的价值观念体系，是以“民族独立、国家富强”“科学”“平等、自由”“共和、民主”等这样一些理想为核心内容的“现代化”目标。①一百几十年来，现代化目标在中国不断生长、变化，曾引领、驱动种种变革中国社会的思想潮流。作为深深嵌入于中国社会近代变动过程的价值理念，民族国家的现代化曾被不同政党共同演绎为中国革命的奋斗目标，并且也在 20 世纪 40 年代末和 70 年代末直接被执政党阐释为社会改革运动的宗旨。同亚洲及其他非西方国家类似，中国人的现代化理想通常可能以西方社会的文化和制度作为重要的想象源泉，但是，作为生长、运行于本土社会的价值目标，现代化理想不仅具有契合于本土社会及文化的、非西方的本质特征，且已经成为本土价值体系的重要部分。

因之，对于中国社会中的“现代化”，需要从“社会过程”“理论路径”和“价值理想”三个维度去认识其意义（见图 1），并分析其功能。

“现代化”{作为社会过程的现代化
作为理论范式的现代化
作为价值理想的现代化

图 1　“现代化”概念的多重维度

① 将西方侵略理解为亚洲各国近代社会变动主要契机之一的这一种思路，多少带有西方学者“冲击—回应”模式的印记。但笔者在此试图说明的，恰恰是现代化价值在中国近代以来本土价值系统再生产过程中的主体性。关于社会科学的中国研究无法回避的有关主体立场问题，笔者认为周晓虹教授的相关思考以及关于“主客体并置”的主张值得我们注意，详见周晓虹，2010。

而实际上,"现代化"无论是作为社会的价值理想、国家的建设目标,还是学术界的概念体系、研究范式,抑或作为我们综合地、历史地理解本民族和其他民族的近现代演变历程以及当今变动趋势的基本思路,就像图 2 呈示的那样,它们早已综合地渗透在我们的认知结构和知识谱系之中。

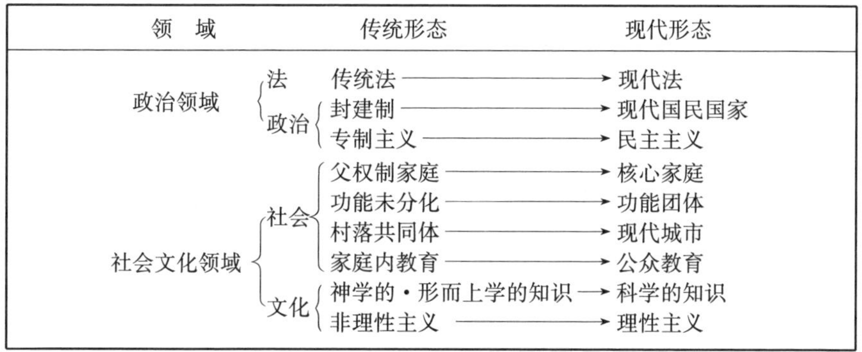

图 2　现代化的诸领域

资料来源:富永健一,『社会構造と社会変動—近代化の理論—』,第 17 页。

时至今日,我们已经意识到,作为意识形态的"现代化"所内含的种种社会进化观,以及在各国现代进程中出现的诸如个人主义、国家主义、资本主义、社会主义乃至法西斯主义等观念及目标,都可能给人类社会带来重重的困境和问题,甚至灾难性的后果。而"现代化"作为社会、经济的发展实践,亦带来了科技对文化的否定、经济对社会的损害,以及现代生活对自然环境的破坏,另外它还包含了现代国家对社会日常生活的干预、西方国家对非西方国家的殖民、支配……

(1) 在价值层面,"现代化"理念在中国,一个半世纪以来主要表达了中国人在遭遇各种社会危机的过程中,对既有社会制度及文化的反思批判和继承,以及对变革前景的诉求与向往。在中国人的"现代化"目标中,积淀有一百几十年来各种政治文化精英提出的价值诉求和社会发展规划,其中不乏对西方文化和制度,以及对中国自身文化传统及现代化变革实践历程的反思与批判,它反映了一般民众对未来社会和生活的美好想象。换言之,"现代化"的社会理念形成于中国社会的变动过程中,已经植根于中国的价值体系,也深深地镶嵌于中国的政治—文化—社会关系之中。它既不是简单的外来文化,当然它更不是某种单一价值。同时,对社会现代化目标的这种理想诉求的持续表达,在中国也构成了众人在价值文化层面实现互动的一个重要机制，且在人们之间、在中国与世界各国之间，实际形成有广泛共享的意义。这种机制与意义空间的存在，对于任何一个社会都弥足珍贵。

(2) 作为具体的概念，我们必须将“现代化”与“现代主义”“西方现代性”区分开来。“近代超克”的理念在思想史上应有其独到的地位，但在现实实践中，知识分子若简单地拿西方学者或其他先行国家学者对他们自身所处现代社会的属性分析或对西方现代国家的制度、文化的反思批判，来粗暴地否定非西方社会中人们对于社会发展目标(包括“现代化”目标)的追求，这种倾向蕴含着一种价值优越感，甚至意味着某种文化上的反动——无论如何，对现代性、现代主义的反思，在价值上并不能凌驾于对现代化的诉求之上。

(3) 在 20 世纪 70 年代后期和 80 年代的中国，“现代化”(工业、农业、国防、科技的“四个现代化”)曾被执政党阐释为它的执政纲领、国家发展目标。一方面呼应了“改革发放”，另一方面也致力于推动民主进程。二十大前后，现代化的各种现实规划与中国社会普遍认同的现代化价值理想之间的联系更密切。

(4) 此外，在学术领域，伴随着社会科学各学科在中国的恢复、发展，现代化理论作为一种具有普遍主义特色的理论范式，曾支持了知识界对一种应然的社会发展目标的追求，以及对人类社会具有共享的价值、共同追求的未来的确信。而“现代化”的价值理念也帮助研究者为中国社会中发生的各种变化赋予了进步、发展的意义，并通过一系列学术概念的定义来标示和分析、解释中国社会的现代化过程。如今，这样的观念和方法在某些方面虽然已经受到质疑和反思，可它们依然支持着一些社会科学研究者对中国以及许多非西方国家的社会变动现象的阐释，并由此带来复杂的局面——“现代化”成为研究者追求人类普遍正义价值的观念支撑，以及在现实中揭示社会不公现象、呼吁建设社会保障、法治、民主等各种制度的范式参照。可同时，如何解释中国社会不同于其他各国的实际的变动逻辑，这越来越成为中国学者面临的一个学术难题。

四、小　　结

综上所述，在现代化理论与社会科学的中国研究之间，存在着千丝万缕的联系。我们需要对“现代化”在不同的层面——价值层面、理论范式层面、社会事实(社会过程)层面——展现的问题,作不同的讨论。也就是说,一方面,我们需要对既有的现代化价值展开反思甚至批判,对现代化名义下的种种非正义的现象和措施实施抵制,同时也需要对现代化理论的各种研究范式作不断的调整和修补。另一方面,我们也需要对各种在反现代、反西方、反普世价值或后现代等名义下出现的特殊主义、反面乌托邦等的思潮和理论保持警惕。从这个意义上说,庸俗的现代化理论不仅存在于现代化运动、现代化理论之中,同样也存在于反现代的理论、思潮之中。

在学术层面,现代化理论、发展理论、社会转型理论,或是其他中国学、社会学、城市学的研究范式,到底哪一种理论范式才适用于当代中国社会研究?说到底这其实是个伪问题。所谓“发展”“现代化”的过程,或“社会主义”的属性、“中国”“亚洲”的身份,等等,这些不仅与研究范式有关,而且是中国现当代历史和现实社会中最基本的事实,它们存在于我们的价值观念和日常话语、学术概念的体系之中,也存在于社会的结构、传统和制度体系中。对社会学者而言,真正有价值的问题意识和研究,只可能形成于对社会事实的不断挖掘,以及与各种理论的不断对话的过程中。不同理论的思想价值、范式适用性,或者它们的局限和谬误,也唯有研究者从不同角度、在对不同问题的探讨中,才可能真正显现。

在正常中发现异常

当我们接近一种社会现象或社会问题，试图对其展开研究时，所面对的种种现象、事物，往往已经被各种话语笼罩，还可能已经被相关的学科概念命名。这些概念定义了对象事物的属性，并事实上框定了研究的范式，进而也可能会限定研究者的问题意识。

从某种意义上讲，任何一项研究的开始，实际上都意味着研究者与一套特定的概念框架的关系的展开：或者是一团和气地全盘接受既存的概念、进入概念的意义世界，由此也直接、间接地进入由概念、范式作媒介的话语共同体。当然还有另一种可能，就是审视、对峙的态度，研究者较真地对既有概念作出甄别，从对概念的意义之辩来开始自己的研究。

这后一种方式所显示的，是一种“颠覆的品质”。这样的品质，被一些人认为是社会学应该具备的，如吉登斯所言，“它之所以具有这种品质，是由于它所处理的是一些跟我们每一个人都切身相关的问题，这些问题是社会中重大冲突和争论的对象。”（安东尼·吉登斯，2007：2）当然这样的性格并不是所有的社会学者都认同或具备的。但是，谁也不能否认，它根植于社会学的传统之中。

可是，社会学的批判或颠覆如何可能？它依据什么准则，去批判什么？又，它为什么要颠覆，它要颠覆什么？

这不仅是社会学者会思考的问题，也是一般社会成员可能会有的疑问。虽然社会学者常常声称自己的思考和研究是为了让人类更加理性地认识自己的社会，但现实中，人们大多不会否认这一点：社会学应该就是为了帮助人们意识到社会存在的问题，并提供认识问题的思路和方法。换句话说，社会学应该是让人们看清楚自己所处的社会，有什么不正常的地方，从而思考、研究如何让它变得正常——从这个意义上说，社会学的激进性格，也就是它应该具有的性格：颠覆和批判，其实就是指它应该具备从社会的常态之中看出“不正常”的意识和能力——从正常中发现异常、从异常中看出正常，这就是人们向往的社会学的想象力。

一、社会的正常性—异常性 (normality-abnormality)

什么样的人、什么样的行为是异常的？对正常性—异常性的判断，是社会心理学及医学等学科的基本课题。与此同时，“正常—异常”的二元论也在社会科学中被广泛应用。社会学自形成开始，也即蕴含着有关“正常”“病理”的命题。就像迪尔凯姆（旧译涂尔干）曾明确指出的那样，社会可以被区分为“两种十分不同的现象”：“一种是应该怎样就怎样的现象，可以称为常态的或者规则的现象；另一种是应该这样，但它偏偏不是这样的现象，可以称为病态的或者不规则的现象。”（迪尔凯姆，1999：39）自古典社会学至今，“正常社会学”“社会病理学”一直是支撑着诸多分支社会学和研究领域的重要支柱。

不仅是社会学，就是在一般社会，正常—异常的认识方法，也是人们认识社会、判断社会的基本方式。就像我们常常在知识分子的社会评论中可以看到的那样，“这个社会不正常”，或者是“这是一种不正常的社会现象”，代表了人们否定某种社会现象、社会事物的最直接、明了的表达方式。①

（一）关于正常性—异常性的判别标准

问题在于，我们凭什么来判定某种社会现象或某个社会是正常的或不正常的？

一般认为，界定正常性—异常性的基准有三种：理想的标准；统计的标准；自然的标准。符合这些标准的是正常的，偏离这些基准的即属于异常。但是，对于社会学者来说，事情远没有这么简单。

1. 首先，所谓理想的标准，我们可以将其理解为价值的基准。这种标准不仅会因社会、历史时代的不同而不同，而且在今天许多提倡价值多元、文化相对主义的社会，“理想标准”的确定必然会成为一个具有争端的问题。因此，根据理想标准来确定一个社会内部的不正常现象常常会引起争议。若要在国际社会中界定某个社会为“不正常社会”，其分歧就更

---

① 如张鸣：《正常社会的不正常话题》；蔡逸儒：《台湾：不正常社会的不正常现象？》；梁文道：《正常社会与不正常的上访者》。

复杂了。当价值正当性成为正常性的主要标准，人们难免会遇到正当性与正常性之间的纠葛。

2. 统计的标准，作为一种体现科学性的标准，对于倚重于测量、统计为主要方法的社会学来说，原是没有多少异议的准则。但是，我们如何来确定社会统计中的判断基准？这依然可能有问题。是以平均值为基准，还是以中间值为基准，抑或以“大多数”为标准？更何况人们的主观认定往往会与统计结论有差异，各种社会统计结论的科学性因此会受到种种质疑。而中间值标准或多数者原则所隐含的对边缘人和少数者的排斥也会受到来自公平原则、人权主义的挑战。就像少数者的权利越来越成为受到保护的正当权利那样，我们对少数者的、边缘的生活方式取向的评判，也越来越难以给出“异常性”的鉴定了。

3. 自然的标准，通常被理解为日常性、常态性(normalcy)标准。这往往是一般社会成员评判正常性—异常性的标准，但在现实社会中，自然性与人类的社会性之间，常常会有种种纠葛。假若我们将世俗性理解为人类社会的常态性，那么我们如何理解宗教意境中的正常性，以及被革命性等神圣性笼罩下的“正常性”(在这种意义空间中，价值正当性会成为正常性的支撑)。

虽然社会科学研究者大多主张，必须遵循相关的标准和鉴定法则，尽可能规范地分析、验证事物的正常性、异常性，但如何辩证地看待正常性—异常性之间的关系？这是以社会为对象的研究者无法回避的复杂课题。在这一点上，迪尔凯姆自一开始就给社会学者留下了教材式的文本。在《自杀论》中，以“自杀”这一种通常被视为极端的人类反常行为为例，迪尔凯姆说明了正常与非正常之间的社会学的关系：“必须把具有某种强度的自杀倾向看成是正常的社会学现象，并不因此说明任何同类倾向必然具有同样的性质。……现代文明国家的自杀现象是否正常的问题并没有因此得到彻底的解决。”(迪尔凯姆，1996：347—348)到如今，作为正常社会、正常结构的组成部分的社会问题(迪尔凯姆，1996：344)的这样一种观念，已经深深地渗透于社会学。迪尔凯姆关于系统组成要素与其整体功能之间的辩证关系的阐释，也作为社会学方法的基本法则而被广泛接受：“一种现象所以称为病态现象是有一定条件的，并且这些条件因时因地而异。规则和不规则的条件，既非绝对的，也非虚无缥缈的。……社会学者考虑一种制度、一种规则、一种道德时，不能以为它们本身是好的，那么它们在任何社会中实行都会得到好的结果，反之亦然。”(迪尔凯姆，1999：

46)。更进一步地，迪尔凯姆在《自杀论》中深表忧虑的现代文明进步与社会病理的关系，如今也成了社会学反思现代主义的重要理论资源："因此有理由相信，自杀的增加不是由于进步的固有性质，而是由于今天发生自杀的特殊条件，但是没有任何理由使我们相信这些条件是正常的。因为我们不应该被科学、艺术和工业引人注目的发展所迷惑；这种发展肯定是在一种病态的兴奋中完成的，我们每个人都感到它令人痛苦的反作用。因此，自杀增加的根源很可能是现在伴随着文明的进步而来的一种病理状态，但不是必要条件。"(迪尔凯姆，1996：349)在这里，我们不难看到社会学所具有的颠覆和批判的品格，以及从正常性中发现非正常性的社会学的想象力，虽然迪尔凯姆通常并不被认为是一个批判型的社会学家。

(二) 概念、范式作为正常性/异常性之源

这里想要提出并强调的是：对于社会事实的正常性与异常性的认定，除上述这些标准及其问题之外，还存在着诸标准之外的另一种标准——被用来分析客观对象的理论路径。

研究者对一个社会、对某种社会现象的分析和鉴定，往往是通过一定的媒介来实现的，这种媒介包括学科概念体系、理论范式(paradigm)、理想类型(ideal type)等，也就是说，我们区分一个社会或一种社会现象是正常的或不正常的，对社会事物的正常性与非正常性作出描述和鉴定，往往是通过概念来定义、用范式来阐释，并通过将这个社会或社会现象的定性归类来实现的。虽然我们一般都相信，这样的分析研究，大致依据的是前面所提及的三种标准，而概念、范式、类型等只是研究的工具。但实际上，我们不能不承认，这些工具一旦形成，它们对于研究者认识社会、鉴别社会，都可能形成独自的导向性、规定性。对研究者而言，它们可能意味着认识论干预(立场和价值可能已经预先存在于概念、范式和类型之中)，意味着观察的角度，也意味着对思想共同体、知识共同体的认同，当然它也可能意味着方法局限(包括调查方案、变量设定等对研究的规定性)。另一方面，对社会事实而言，它们则可能意味着测量的尺度、被阐释的路径，以及被类别化的规则、框架。社会的正常性、非正常性，与鉴定系统的学科化状况、与研究者的学术认同密切相关。

举例来说，对于社会学而言，社会不公问题可以说是一个最基本的议题。如果就价值(理想的标准)来评价，社会不公涉及人类的普遍正义，以及具体社会的公平观，相信很少有学者会正面肯定社会不公的正当性。

但是,将问题放到正常性—异常性的话语中,种种形式的社会不公的存在,包括存在于阶级之间、种族(民族)之间、社会性别之间、年龄阶层之间、地域社会之间的各种不公平现象,在一个社会中它们是正常的还是不正常的?对这个问题,首先结构功能主义与冲突论就可能给出不一样的答案。又譬如社会学的另一些重要议题:“社会冲突、社会变动”,它在一个社会中是常态的还是非常态的?社会的正常状态应该是均衡和谐、还是冲突变迁?还有如“社会运动”,它到底是现代社会的一个顽疾,还是民众参与社会并制衡权力的常态的(正常的)的表达方式、社会运行的正常形式?诸如此类,社会学者在处理这些议题时,看似站在客观的立场上,倚重于实证研究,但其实当研究者采用不同的概念和范式时,他们最后可能得出的结论,先就可能蕴含在那些概念和范式、理想类型之中了。

可以认为,社会科学的概念体系、理论范式及其理想类型等等,实际上构成了相对独立于价值及科学性、自然性等各种标准之外的另一种正常性之源,或者说它构成了另一种正常—异常的判定法则。

二、中国社会的“自我正常化”(self-normalization)运动

相对于医学、心理学偏重于对人类个体的正常性—异常性的鉴别,社会学者主要研究的是整体及其各种关系——某个社会、某种现象或某个群体,以及与这些相关的各种关系。也因此,我们不得不面对这样一些问题:如果我们需要确定一个社会内部的某种社会现象为非正常现象,我们可以就这个社会的主流价值或多数人认同的价值作出判断,或者就相关的统计数据,参照其他各国的同类数据而获得正常或非正常的结论,就像我们在研究社会不公现象时常常以基尼系数为参照时所做的那样——尽管这种测量、鉴定的方式可能忽略了具体社会的文化及制度的差异,但依然得到了各国学术界的普遍认可,它所依据的,应该是人们对人类社会普遍法则的存在的认可。但是,如果人们要对某个社会、某个国家的正常性—异常性作出判断,我们可能依据的标准会是什么?

人类历史上不乏这样的例子:某个国家、某种社会或者一个时代,被内部批评者或外部国际社会判定为异常社会,诸如对人民实施暴力虐杀的暴政国家、对外封闭对内施行神圣性统治的神秘国家、资本主义阵营视

野中的苏联东欧的社会主义国家等等，即使是实现了资本主义化、现代化的社会，也可能因为其与西方文化和社会的差异性而被西方观察家以及国内的批评家讥为非正常社会。①在有关正常社会—异常社会的各种各样的话语中，中国社会一直是西方知识界的一个特殊议题。无论是作为神秘东方的“古老中国”、社会主义的“红色中国”，还是今天制造各种经济奇迹的“崛起的中国”，多少都隐含着描述者对“正常性—异常性”的鉴别兴趣。在社会科学的现代化研究、资本主义研究（包括韦伯、马克思等学术体系）中，传统中国的文化异质性，以及经济、政治、社会的前现代性，都曾是反衬西方现代社会的一个典型个案，是阐释西方社会现代性或资本殖民主义、政治民主主义等的一个重要参照物。

另一方面，来自西方视野的中国社会的异常性，在中国社会内部也构成了笼罩于思想界和学术界以及一般社会之上的百年梦魇。也因此，自近代以来，“自我正常化”成为社会改革、社会革命的重要驱动力。同时，就像我们可以从知识分子激烈的传统文化批判、国民性批判中看到的那样，“非正常性”成为政治精英和知识精英动员社会，凝聚民族性、国家性的道德资源。在激进的文化批判、社会批判背后，充满了人们对社会异常性的自我憎恨——与民族危机感一起压迫着中国人的，是一种社会异常性焦虑（正常性渴望）。

作为政治动员的有效方式，对“社会异常性”的揭示和否定，在现代中国和当代中国有反复、持续的演义。例如在历次的启蒙运动中，对西方发达国家的正常性的向往、与对中国社会的非正常性的揭示，一直是激进运动的重要动员方式。

三、正常性赋予与异常性揭示

这里以“正常性赋予”这一概念，试图涉及的，是这样一个问题：在1978年以来中国社会“自我正常化”的过程中，社会学扮演了什么样的角色？

---

① 例如数不胜数的“日本论”中，“怪异的日本”一直是挥之不去的议论主题。作为一个亚洲的优等生，发达国家，民主国家，日本是不是一个正常国家，一直是个话题（各种各样的“奇怪的日本”的日本论，还是像社会学家的“没有成熟的日本社会”等）。

对一个社会的正常性—异常性的判定,谁可能是鉴定者?我们可以认为,在不同的评判体系中,会有不同的评判者。国民、国际观察家、政治指导者、知识分子、专家学者、市民大众等,都可能依据他们的标准、从他们的观察角度出发,作出自己的评判。不过,由于在现代社会中,社会的每个侧面、每个系统都可能以一套专业化的知识、信息体系的形式进入认知者的视野,所以,人们对于社会正常性—异常性的判断,在很大程度上依赖于专业知识体系对它的描述和分析,也因此,社会学者往往会被视为名正言顺的社会诊断师,就像默顿曾形容过的那样,社会学家看似已经成了可以通吃各种社会现象、社会问题的专家。

> “不管承认与否,甚或我们中的许多人根本就不接受,我们已进入了社会学普及的时代。
>
> 这不在于现代社会学家已成功地使他们自己和他们的思想影响到了我们周围的人,而是他们像以前那样成为了大众关注的目标,他们越来越有名和被人知晓。这并不是因为社会学家达到了与我们时代休戚相关的地步,而是因为当代历史的发展使得他们与时代休戚相关。因为困扰我们的大部分问题——各个社会群体和社会阶层(民族、性别、代际及社会经济团体)之间的分裂与冲突——总体上说都属于社会学的问题……我们‘习惯于用社会学术语思维’,其他部分原因是大量的社会学术语已变成了我们的日常语言”。(罗伯特·K.默顿,2001 年,第 114—115 页。)

事实上,在中国社会以各种现代化目标自我期许的自我正常化的过程中,社会学也确实扮演了举足轻重的重要角色。

(一) 关于“正常性赋予”

总体而言,社会学自一开始就深深地介入 20 世纪 70 年代末以来的社会变革进程,除了为市场化、产业化、城市化等国家改革目标提供相应的思路以外,作为被赋有一定建言权的“现代化”社会工程的专业设计师,社会学家提出的诸如“社区建设”“和谐社会”等概念,逐渐被执政党吸纳进了主导性话语和制度设计之中。随着社会学学科体系和知识体系的建立,社会学成为新颖的概念符号库,社会学者也成为颇受欢迎的直接、间接的冠名师,与“社会”搭配的各种概念在中国迅速成为时髦的符号,将这个社会中的纷繁事物装饰一新:社会体系(social system);社会结构(social structure);社会变迁(social change);社会转型(social transformation);社会集团(social groups);社会阶层(social class);社会流动(social mobility);社会分层(social stratification);社会网络(social network);社会资本(social capital);社会冲突(social conflict);社会风险(social crisis);社会适应;社会融入……

社会学家借助于这些既具有人类现代社会普遍适用性,又不乏专业性的概念,不动声色地将中国社会从"西方—中国"的异质性对比关系中拉到了同一个概念体系中来,为中国组装起一套现代的、世界通用的社会识别体系。这对于中国社会的正常性获得,无疑具有重要的意义。

与此同时,中国的制度装置也迅速跟进,实现了符号体系的全面更替。

社区(community);
社会政策(social policy);
社会保障(social security);
社会福利(social welfare);
社会团体(social group);
社工(社会工作,social work);
非政府组织(NGO);
社会治理(social governance);
社会参与(social participation);
志愿者(volunteer);
基金会(fund);
……

此外,社会学者事实上还担负了另外一些职责:为中国目前的社会变动轨迹及机制,提供某种普遍性的支持:在一整套中外共享的概念框架和范式、模型中,中国社会的各种现实问题被阐释为社会系统之间的关系失衡的结构性问题,或者被理解成世界各国普遍经历的产业化、城市化、现代化过程中的问题,等等。

这样的认知模式和解释路径,应该有助于为公众提供某种安心感,即让人们脱离以往的基于阶级冲突理论的政治化叙事逻辑,或基于正义、民主、自由理念的政治道义情绪,而转变为将现实状况及个人命运置于种种结构关系和过程之中,来加以正常化。事实上,包括社会学在内的各种社会科学的看似以科学性、普遍性为依据的似是而非的解释路径,不仅为一般民众,也为研究者自己提供了阐释中国问题的便捷路径。学科专业性的包装、对西方理论范式的逐渐掌握,不仅让中国知识界得以进入或接近了世界学术共同体的话语圈,也让研究者获得了另一种可能:摆脱中国知识分子历来以痛苦思索中国出路为己任的那一种宿命般的精神重负。在此过程中,社会科学的“有用性”多少得以被证实,社会学在国家学科体制中也获得了稳固上升的地位、头角崭露而成为继经济学之后的重要学科。

当然,在“普遍性—特殊性关系”与“正常性—异常性关系”之间,以问题的普遍性来说明社会的正常性,这并不是正常性赋予的唯一组合。“特殊性”同样可能是人们用来说明正常性的依据。当某个社会的某些制度、某些现象被指为不符合世界普遍情况时,有些人往往会以特殊性来说明“这个国家”“这个社会”的正当和正常。在这种时候,种种国情论者一方面倾向于对普世价值、普遍标准持否定的态度,同时倾向于从历史背景、文化逻辑,以及国际力量关系等的规定性(殖民主义、全球化浪潮的受害者身份及其行为逻辑等)之中,寻找出本国、本民族不接受世界普遍标准鉴定的天然正当性。延伸到社会学,则往往会致力于强调“这个社会”异于世界各国的特殊体质。

当然,社会学的正常性赋予功能,并不止于提供概念、范式以及现代社会普遍性之类。在实际的研究中,社会学者也扮演着社会正常性的鉴定师角色。特别是各种统计测量和比较研究,多具有社会病理诊断的功用。在近代学术史上曾经被称为“政治算术”(英国)、“国状学”(德国)的统计学,如今也已经成为社会学自证“有用性”的法宝。凭着对社会的专业测量手段、变量操作技巧,部分社会学者不难以“社会正常”鉴定来满足种种委托者的自我正常化需求。

(二)异常性的揭示如何可能?

就我们今天看到的情形而言,“社会的国家化”尤甚于“国家的社会化”。①问题在于,当“正常性赋予”成为权力支配系统对社会学的重要期待的时候,“对异常性的无视或否认”,就可能成为一种要求、一种强大力

---

① 关于“国家社会化”与“社会国家化”,参见高清海、张海东:《社会国家化与国家社会化——从人的本性看国家与社会的关系》,《社会科学战线》2003 年第 1 期。

量规定下的情势。也就是说，“异常的社会”“社会的异常性”，会成为不识实务的另类议题。

从正常中发现非正常、从异常中看出正常，这本应是思想家、知识分子的天职。对社会学家来说，揭示社会的异常性，尤其是一种专业职责。但如今，中国的社会学者都知道，这是一件吃力不讨好的工作，而且客观上，“我们缺少这样的条件”。如此，我们实际上也就获得了某种被豁免的可能——从社会学“异常性揭示”的专业职责中获得解脱的可能。

在这样的过程中，我们失去的，可能不单单是重要的议题，而是“洞穿社会”的能力——更确切地说，是我们正在丧失击穿异常性的意欲，甚而丧失对人类“正常社会”的想象力。

当然，不少社会学者会应项目委托者的要求，“找出问题，分析原因，提出对策”。也有一批学者，本着社会良知，在持之以恒地关注民生、关注社会不公问题及各种社会病态。可是当我们致力于在学术层面提出问题，试图发现社会正常性背后的异常性的时候，我们却常常能意识到，我们其实很难确定我们想要的正常性到底是些什么。是国家的发展？是所谓现代的价值规范、统计中的平均值、中间值，或者是自然的日常性吗？我们也难免为实现正常性的方式所困惑，均衡或者是变革？

说到底，社会学或什么学，不过器物而已，无论是批判的利器，还是描眉的画笔，都需附于人的灵魂，才能作用于社会。社会学者要揭示社会的异常性，必得具有对人类社会的正常性的向往与想象，如此才能有对非正常性的敏感，有对现状的不断追问。

对深陷于现实藤葛之中的我们来说，拥有对正常性的向往与想象，首先需要的是一种解放。“人类知识的社会基础，除了建立在‘技术旨趣’与‘实用旨趣’外，尚有‘解放旨趣’(Emancipatory interest)。此一旨趣，乃人于历史过程中，通过自我反省和自我批判，从历史的种种制约限制中，寻找解放的途径。”①对社会学者而言，我们也可以将这种“历史的种种制约限制”理解成某种“崇高的”功利性，包括急切地要为现实服务的角色义务感。因为，“今日之需”恰是社会学家的视野屏障、思想陷阱。社会学家必须面对现实，但又不能只站在今天，而应该站在历史—当代—未来之间。获得这样的解放，我们需要从中外社会学家的思想和研究中吸取养

---

① 参见台湾叶启政教授谈中国社会学性格时对哈贝马斯有关人类知识的解放旨趣的介绍阐释(叶启政，1991，第301页)。

分,同时又不能全然寄望于社会学自身。

什么样的社会是正常社会?不同的人会给出不同的答案。不少人倾向于用“成熟社会”(mature society)概念来描绘他们理想中的社会,或以“不成熟”来诊断社会现状甚至民族病。①常常可以看到有关将“成熟的市民社会”作为社会改革目标的规划②。也有人认为一个成熟社会,应该具有多方面的特征。(1)有完善的公共设施和社会福利;(2)公民道德观念已经建立,公民行为受道德约束;(3)价值观认同度高;(4)社会心态公正不偏颇,有健康的舆论环境;(5)广泛关注并扶助弱势群体;(6)有公平、高效率的政治制度,公民有参政意识;(7)没有排外心理。③

但似乎,最早以“成熟社会”概念来表述人类社会理想的,并不是社会学者,而是曾经获得诺贝尔奖的英国物理学家丹尼斯·加博尔。基于对人类文明发展走向和未来命运的思考和忧虑,加博尔大致列出了他对“成熟社会”的几个认定标准:精神比物质更重要;休闲比劳动更重要;伦理比智能更重要;人性多样性的展现和发展。④

而作为社会学者,我们其实还可以将社会的正常性—异常性的鉴定原则理解为一个有待我们去采集、去探讨的社会事实,亦即通过我们的工作(媒介),让民众来充当定义者、鉴定师。生活者要的是什么样的社会?

---

① 这方面在日本学术界可以看到大量的社会评论和学术文本。

② 这方面如赵永伟:《成熟的市民社会——宪政与法治的基石》(赵永伟,2003年);郑广永:《成熟的公民社会:未来公共性的实现形式》(郑广永,2008年)。

③ 参见 http://asukanokaze.spaces.live.com/Blog/cns!40CC68004B03BB19!159.entry。

④ D. Gabor, *The Mature Society*,林雄二郎訳,『成熟社会:新しい文明の選択』,講談社,1973年。

在范式与经验之间

——我们如何接近问题

一、如何看待中国社会科学的“先天缺陷”?

(一)关于中国社会科学的性格特征

社会学界前辈、台湾大学原社会学教授叶启政,曾就现代中国,包括1949年以后海峡两岸的中国社会学的性格特征作过论述。他将其归纳为四种基本性格:实用性格;实证性格;移植性格;加工性格。(叶启政,1991)细细读来,这些如影随形般难以摆脱的性格特征,每一条都可能让后学者因气馁而思放弃。相信每一代中国新学人中,都不乏对“实用工具性”的学术品格以及作为“粗糙加工品”的学问充满不屑,而向往独立纯正的学术的有志者,然而,任何社会事实都是历史的、社会的产物,学者或学术也同样无法逃脱种种结构的、文化的规定性。

即以实用工具性的性格特点而言,就像叶启政先生在对中国社会学性格形成的历史缘由所作的中肯分析中提及的那样,中国的社会学之所以以实用主义为大旗,最初虽然是因为应付社会生存危机的工具理性需要,但是,随着列强退出中国与中国人的力图振兴,产生国家危机意识的条件逐渐消失了,而中国社会学的实用性格却一直被延续了下来。这是因为,一方面,现代社会学,特别是美国社会学,作为福利社会体制下的工具之学,它具有被用来了解社会现象,用以增进改善人类社群关系,以达控制之功效的一些基本性格,这些特征与中国的政治文化传统有某些契合之处。另一方面,1949年以后,在海峡两岸,社会学界在不同程度上都曾经历了这样一种特殊的历史:为了能在大学和政府科研体制中获得学科的恢复和发展,社会学者不约而同地用强调社会学的实用价值的方式,来为社会学正名,为社会学争得必要的生存空间。(叶启政,1991)因此可以说，中国社会学的实用性格的形成，不仅是历史使然，也与西方社会学和本土的现实政治结构有关。

至于其他诸种性格，例如拷贝西方学术、或为西方理论提供原始素材等问题，苛刻一点地说，它们就像是中国社会科学无法抹去的一种基色，渗透于我们自身的思维方式、知识结构和学术风格甚至学科体制之中了。

然而，身处现实中国，即使因为上述这些特性让我们感到尴尬，即使我们能够试着抵挡附着于学术之上的个人功名利禄——这有多难(!)——我们又如何可能抵御“中国作为社会科学主题和田野”的那种诱惑？这样一个社会，正处于急剧变动之中，它到底在发生些什么、又会变成什么？种种令人咋舌的奇迹，伴随着让人不安的张力和冲突……不夸张地说，社会科学研究者无论怀揣什么样的意趣，都可能在这儿发现令人兴奋的挑战性题目，也完全可能撞到一大堆充满刺激的经验素材。忽如一夜春风来，一度已成为社会科学的荒芜僻地的中国社会，如今俨然成了世界学术界的热门议题。

更何况本土学者、华人学者，是的，对于被中国的政治文化浸泡大的绝大多数人文社会学科的学者，关注中国的命运、探索民族的问题，这些几乎是天经地义的职责和志趣。似乎，不论在世界的哪个地方、哪所大学，在中国学生和中国学者那儿，“以中国为议题”都是个不二的选择。我想我们甚至很少会去正儿八经去思考、讨论这样一个问题：如果不是为了中国的问题(譬如“中国如何实现现代化”的问题)，我们为什么要做社会科学的研究？大致而论，抽象的“人”及其价值或者具象的“个体”或“人类社会”的价值及命运等等，以前没有、现在也仍然没有构成中国社会科学研究群体的最重要的研究动力和思考冲动。

尽管如此，我们没有选择，依然必须前行。即使只是为了解、说明我们所处的这个社会，作为社会科学研究者，我们必得让自己保有这样一种信心：获得观察、说明人类社会的自由的最终可能——哪怕只是身处必然王国而向往自由王国的那样一种姿态，对我们仍然无比重要。

(二) 关于范式—经验关系间的分裂

台湾大学心理学教授黄光国曾这样描述中国社会科学研究者身处的特殊情形：除了社会科学本身存在有种种二元分裂的问题(如理论建构—实证研究、哲学科学的知识—日常生活的知识等等)之外，作为中国的学者，还难以逃避另一种宿命：我们一半是中国的脑子，另一半是西方的脑子，两者是分裂的。①黄光国先生还认为，一个科学家如果不了解西方科学哲学的发展，无法掌握住西方人在从事科学研究时的那种精神意识，那他就很难成为一个有创造力的科学家。也因此，当前中国社会科学界乃至整个科学界，研究水准长期低落，主要原因就在于华人的科学研究工作者对于西方的科学哲学缺乏相应的理解。（黄光国，2001，pp.2—3）这样的分析，对于揭示中国社会科学研究者的文化、知识困境，自有深刻的一面。但同时人们也不难看出其偏颇之处，就如有的学者指出的："当我们被质疑不假反省地学习、套用外国的方法、理论到本土的研究时，为什么质疑我们的人，却可以毫不掩饰，而且理直气壮地告诉大家，缺少的是对'西方'科学哲学知识的省思！有方法论的哲学训练，真的可以产生'好的'、'有创造力'的科学家吗?"（侯东成）我们也不难从一些西方学者的中国研究中，为这样的质疑找到佐证。西方学者即使深谙其科学哲学、理论范式的来龙去脉，但或者因为西方中心主义的文化立场，或者因为经验把握上偏离了中国的现实性，也或者因为一些研究范式长期固化，因而在研究中很可能"经常会不加思索把它移植到其他非西方国家进行对比研究"。由此造成范式及方法的误用，以及理论与实际的不一致，以致形成"范式的解释危机"。（张乐、张翼，2008）

另一方面，对于中国本土的研究者而言，不唯"西方哲学科学的训练"是一项艰巨的课业，如何认识、把握"中国本土的经验"？这同样是一个问题。中国本土学者容易陷于一种"先验幻想"，在建构经验事实的时候，对先入为主的价值或判断习焉不察。尤其当学者开始操作西方话语来理解和解释本土现实时，还可能存在主体认同的危机，以及自我认知的困难。"主流西学的侵入与引进给中国研究带来了全新的视角和分析维度，更新了原有的研究范式和研究方法，得出了令人耳目一新的结论；同时这种侵入与引进也直接触及和瓦解了中华文明共同体的自我理解，最终使国人在一系列悖反的镜像中丧失了自我认同的基础。一旦丧失阅读和思考的主动性，陷入别人的话语中不能自拔，就有可能被别人特有的问题意识所覆盖，乃至从此难以名状自己切身的体验，暴露出文化分析的失语和学术洞察的失明。"（张乐、张翼，2008）

在这儿，我们首先需要确认这样一种常识："范式—经验"关系其实是

① 2008年11月南京大学社会学系建系二十周年庆祝大会暨"中国社会与中国研究国际学术研讨会"黄光国教授主题发言。

所有社会科学研究者都必须持续地去面对、去思考的一个课题。从这样一种常识出发,我们需要进一步厘清下面这些问题:

在“西方的理论范式—中国的本土经验”这样一种被设定的二元关系之间,隐含着一种将“西方—中国”之间的异质性简约化、本质化的倾向。这个二元关系的一端,是被想象的“西方”:将既有的社会科学理论范式的经验来源、知识生产者的民族属性以及这些知识体系的文化属性等,都笼统地定性为高度同质化的“西方”,而忽略了既有的社会科学体系内部的丰富性、异质性——不仅“西方”内部具有相对的在地性、历时性,时至今日,“西方的”社会科学也已经包含了许多非西方学者的思想资源和研究成果。尽管我们可以说,即使是对西方主义的反思批判,说到底它也还是西方的东西,但是,在社会科学研究中,我们能否对将“西方”本质化的认知倾向抱持一种警惕,它关系到这样一个问题:我们需要确认人类社会具有某些基本的、普遍共享的价值,同时无论东西方,世界各国现代化历程都会有某些基本的共通性——当然同时还具有足够丰富的多样性——我们不能只在强调中国特殊性的时候来强调我们所需要的“多样性”,也不能就为了论证中国的特殊性(异质性)而去强化西方内部的同质性。

在上述二元关系的另一端,是被想象的“中国本土”。在这个想象中,似乎存在有一个纯正中国的,且高度同质的思想、学术共同体,研究者对本土的经验有一种属于“中国文化”自身的体验和洞察,从而可能对事实作出原汁原味的描述和解释。这种想象的问题首先在于,它是以作为想象的民族共同体的“中国”为基础的,同时这儿的“经验”也可以说是对本体论意义上的经验事实的绝对化。而事实上,在今日中国,即使是绝少被“西方文化”感染的本土学者,即使是最正统的“中国知识”,其对本土经验的叙述,也难免吸纳了,或被塞入了各种各样的西来的(或经由“东洋”传入的)概念、范式、理论以及意识形态,更不要说无论是媒体还是学者或一般民众,早已习惯了以西方的测量方法或国际比较方法来说明中国的“国情”及其特殊性、正当性。

对上面这些问题的思考,不仅是我们这些长期为如何处理西方概念理论和中国本土经验间的纠葛所烦恼的社会科学研究者无法回避的课题,更进一步说,对这些常识的确认,原本也应该是中国引入社会科学的基本前提,是今天我们谈论所谓“范式”问题的重要条件——我们需要确认这样一种可能性:跨越东西方、跨越民族国家及文化的学科共同体的可能性。就如库恩论述的那样，范式有两种不同意义的使用方式，一方面，它代表一种特定社群的成员所共享的信仰、价值与技术等构成的整体，另一方面，它指涉那一整体中的一种元素，就是具体的问题解答，把它们当作模型或范例，可以替代规则作为常态科学其他谜题的解答基础。作为“团体信念的集合物”，库恩强调学科氛围（disciplinary matrix）对于范式的意义：它主要由三种元素来体现：符号通式、社群共同信守的信念，以及共享价值。①

二、研究者主体与范式、经验的关系

（一）需要正视研究者的主体

对知识生产的科学性的认可，是社会科学研究者基本的专业姿态，社会科学研究者向来也习惯于以科学性优势自居。然而很多时候，情形就好像是：只要有合适的理论范式，然后据此确立合理的、规范的研究方法，那么，社会科学研究者就能够自然而然地、科学地描述出经验事实并建构起解释模型。在这个过程中，作为很可能具有价值局限和立场偏差的研究者的主体，被认为是社会科学确保其科学性的天然障碍。也就是说，在对科学主义的信仰和坚持中，“主体已经作为可耻的残余物遭到人文科学和社会科学的摒弃”。（艾德加·莫兰，2001：13）虽然文化人类学早已经对观察者主体的问题作了深具意义的反思，但在其他学科中，学者对这个问题的讨论一直还像在犹豫、躲避——似乎一旦让有关“研究者主体”的问题成为一个公开的讨论议题，那就可能导致社会科学原本脆弱的科学性遭受重创。

当然，已经有不少学者在反思这个问题，类似法国社会学者艾德加·莫兰这样的思想和声音，可以促使我们认真面对自身的种种问题。

> 尽管我们愿意“客观地”构造我们的理论，但主观性却时时在我们每个人的心中作祟。因此，提出观察者和主体的问题不是反科学

① 参见库恩，1985：pp.259—300。Thlmas Kuhn，台湾学者译为“孔恩”，《科学革命的结构》，“后记—1969”，其中“paradigms”台湾学者译为“典范”。

的，而是真正符合科学精神的。

> 我们无法摆脱这样的局面：处理社会学的问题时，我们所处理的不仅仅是客体的问题，也是“主体”的问题，我们是和其他的主体发生关系的主体。
>
> （艾德加·莫兰，2001：20—21）

社会科学研究者要防止主体成为学术的科学性障碍，首先需要做的恰恰是正视主体的存在，而不是回避。唯有对主体所意味的问题作出反省，才可能克服研究者主观性对社会科学研究可能带来的损害。

首先，以社会学为例，就如艾德加·莫兰揭示的那样，我们应该看到这样一个基本的事实：尽管作为社会观察者的社会学家以社会整体为对象，但他们同时又在社会之内，他们是一种社会范畴（social category）。

> 从更加深刻的意义上来说，我们必须面对这一悖论，正视这一悖论和我们所处的窘境：社会学家是我们这个社会，甚至是一切社会的整体上的、普遍的思想家，同时，正是由于他所作的社会学的分析，他又是上述社会的一个不同寻常的、有局限性的特殊范畴的成员。一方面，我们的思想会引导我们思考整体；另一方面，我们的思想又会向我们解释我们为什么不能够思考整体，因为我们是处在一个确定的、有局限性的范畴之内。或者我们可以引入一种观念，认为只要意识到某种境况，就可以改变这种境况。那就必须在社会学思想的中心引入自我意识。（艾德加·莫兰，2001：17—18）

与其他社会范畴一样，作为社会范畴的社会科学家不可避免会受到其所在社会种种规定性，特别是文化规定性的影响。“我们的文化将其特殊的概念印入了我们的心中，我们相信这些概念，以为它们所表示的就是现象的真正的现实。我们与某一阶级、某一社会、某一文化的从属关系，构成了我们主观上的规定性，仅仅是建立客观的材料，还不足以使我们从这些规定性中摆脱出来。”（艾德加·莫兰，2001：13）

除文化之外，社会科学家作为一种特殊的社会角色，还需要面对来自社会的角色规定性。在不同的社会，社会科学各门学科的性格特征，都形成于自身的历史的、社会的逻辑之中。与此相连带，每个社会对它的社会科学家都会有相应的角色期待，包括来自权力的，以及不同社会群体的期望和要求。社会科学家依据自身的价值立场和社会情景形成其角色认同，并按不同的角色规范从事其各自的角色表演，他们或者可能扮演服务于国家的尽职的政府决策咨询专家，或者可能扮演志在伸张公义或改造社会的批判型、行动型的知识分子，也可能扮演以学术本身为志业的“纯粹的”学院派学者。无论是作为大学的从业人员，还是作为特殊的社会角色，他们必须作为社会科学家接受其所在社会的评价和奖惩。

除了社会范畴、社会角色，我们还有必要确认这样一个事实：作为个体的社会科学者，其自身的社会属性，以及可能附着于这些属性之上的价值立场、观察角度等，都可能是影响社会科学家主观性的重要因素。包括社会科学者的出身地域、种族（民族）、阶级（阶层）、性别、年龄等等，多少都会让研究者确立不同的问题意识，并从不同的角度去观察问题。

无论如何，作为有意识的社会人，作为具有主观能动性的行为者，社会科学者无论经过怎样的学科规训，他们都不可能只是按规范程序行事的科学实验的操作手。他们的主观性、社会性，有可能给社会科学的“科学性”带来负面的影响。但另一方面，社会科学者区别于一般社会成员的地方，正在于他们具有认识自身局限，并超越自身局限的可能性。作为社会的观察者，他们应该是“能够思考和认识的人”（艾德加·莫兰，2001：6），亦即具备超越主体局限的能力。

说到底，研究者采用什么样的范式，是由研究者的主体来决定的。同样，我们能否根据本土的现实、经验来修正范式，这样的可能性也是要我们的主体来体现的。也就是说，对主体局限的正视和反省，正是超越主体局限的重要前提和起始。

（二）认识论介入与范式—经验关系

在范式与经验之间，不仅存在着研究者主体的问题，还存在着认识论介入的问题。各种各样的认识论模型，隐藏于社会科学之中，并且也存在于研究者，甚至“经验”的内部。在对“西方社会科学”的各种反思中，学者已经对所谓的西方中心主义，包括西方立场、西方价值等问题作过大量的讨论。但实际上，理论意识形态对科学实践的干预普遍存在于知识生产领域。“知识生产过程”是一个抽象的范畴：一般是与一个科学时间的其

他生产过程连接在一起，并且与一定的意识形态有关，而不是以纯粹的形式存在。（曼威·柯司特，爱米里欧·伊波拉，2002）

就如图1试图勾勒的那样，一方面，我们接受的西方社会科学，包括各种理论、范式、概念等，难免掺杂种种价值观念。而与此同时，在“本土的”学术体系及其知识生产过程中，在80年代以来社会科学逐步形成的过程中，“改革”“开放”“发展”“和谐社会”等等，一直被社会科学直接采纳过来，用作为基本的学术概念，甚至形成相应的研究范式，而至于“工业化”“市场化”“城市化”“现代化”“全球化”概念、范式，更是直接地被融入中国的国家话语中。在学术话语和国家话语之间，不仅有大量的意义共享，还形成了奇妙的互通互融关系。

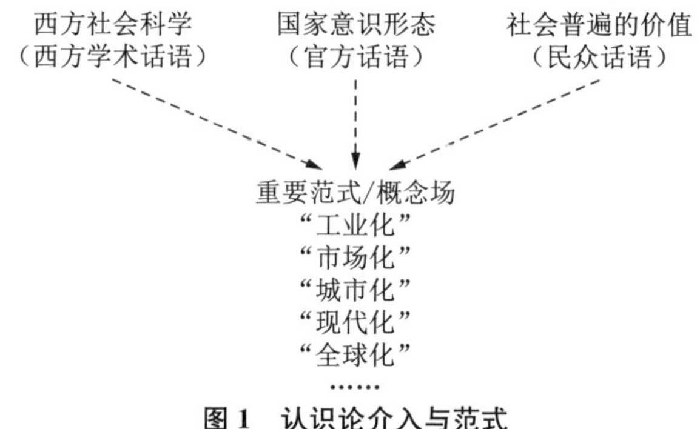

图1　认识论介入与范式

此外，由知识精英和国家描绘的富国强国梦、现代化图景等，自近代以来也长期渗透于社会文化（价值规范体系）中，早已构成普通民众解释社会变动历史、理解中国现状的基本观念及概念，也成为人们面对自身、描述体验的基本方式。换句话说，认识论介入的问题，同样存在于民众话语之中——在社会科学研究中，这样的话语不可避免会渗入我们采集的“本土经验”中。

中国的学者在关于范式—经验关系的讨论中，一直还主要将这种关系的问题想象为“西方（范式）”与“本土（经验）”之间的问题。而实际上，在中国社会科学恢复、兴起的过程中，基本范式群的形成并不只是拷贝西方学术的产物。来自本土的认识论介入，一直也是中国社会科学范式群的生成和演化的重要机制。

基于上述的讨论，在这里，我们不妨借助图2，尝试对本文涉及的与范式、研究者主体与经验之间关系相关联的问题作一些说明。

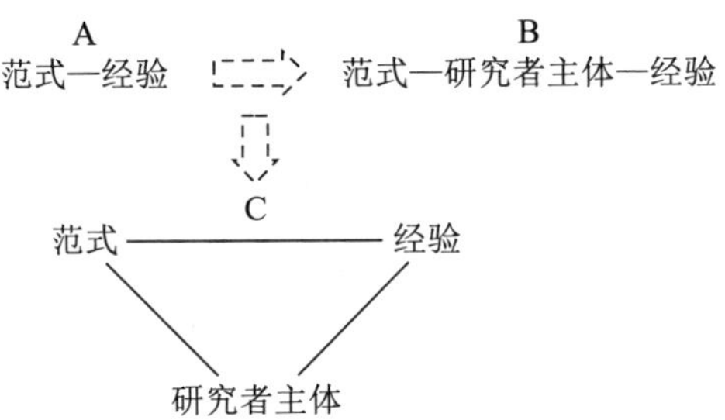

图 2　研究者主体与范式、经验关系

在此试图说明，当社会科学研究者讨论抽象的“范式—经验”(A)关系时，往往隐含着对研究者主体的规避。这样的规避，即使可以说是以“科学性”为出发点的，但实际上它既无益于研究者在研究过程中对主观局限性的克服，更无助于发挥社会科学对世界的解释力。相对于这样的关系设定，在“范式—研究者主体—经验”(B)关系中，社会科学研究者是居于范式与经验之间的、具有自身主体的重要媒介。而作为一种社会范畴、作为社会角色，甚至作为社会个体，研究者需要正视他们与所在社会的关系，以及由此可能带来的种种局限。这样一种关系的设定，并不是为了否定社会科学对“范式—经验”间的科学性追求，而恰恰是社会科学研究者追求“科学性”“真相”的必要保证。

这里，相对于“范式—研究者主体—经验”关系的(B)模式，通过对另一种关系模式(C)的设定，试图说明的是：在范式与经验之间，研究者其实也并不是唯一的、必然的媒介。在很多情况下，由于各种认识论的介入，或者由于各种历史的、现实的话语的作用，在研究者介入之前，本土经验很可能已经与西方社会科学的范式、概念形成勾连，并成为某种社会共识。就如在“城市化”成为一种国家目标和意识形态的当下中国，对于学术界的“城市化”研究，我们既不会简单地将“城市化范式—中国城市化经验”理解为一种基于科学性的纯客观关系，也不会认为这只是中国学者拷贝西方社会科学的结果。在这样的关系中，与其说是社会科学(研究者)连接了范式与经验，以“城市化”来定义和解释了中国城乡间关系的变动事实，不如说是研究者为各种力量所裹挟，只是在“城市化”研究中为自身寻得了一席“用武之地”而已。

虽然如此，研究者与范式和经验的关系，它在范式与经验之间的主体性作用，依然是一个需要我们给予充分重视的议题：研究者主体直接作用于范式的选择和规范的遵循(方法科学性原则)，从而影响经验的描述和解释。与此同时，面对各种意识形态的介入、各种话语力量的左右，以及自身的主观局限，研究者既需要坚持学者的意志和学术的原则，确立合乎科学哲学的研究范式，并遵循合乎科学性的方法，来观察社会、建构事实。而随着经验的发现，为着经验的阐释需要，研究者还需要不断地修正、突破既有学术理论的束缚，这同样有赖于研究者发挥主体的能动性，实现对主体和范式的双重超越。

三、社会科学研究者如何实现对范式和主体的双重超越？

（一）关于价值暧昧及伪专业主义

对社会科学研究者来说，面对纷繁的理论和复杂的现实，如何提炼自己的问题意识，这其实是一种永无终结的自我挑战。

在看似研究流程的诸如审视现实、操作概念、确定范式、选择方法……这样的过程中，真正构成超越主体和范式局限的挑战的核心环节，永远是研究者的问题意识。当合乎范式、规范方法成为普遍的学术界要求，而“贴近现实”也成为学者的自我希冀，这种时候，所谓的“科学性”目标对研究者到底意味着什么？什么是研究者自身想要寻找的？

将问题带回到研究者的“主体”上来，如果我们勇于直面研究者主体的问题，我们不妨将可能影响学者的价值立场、社会属性、社会角色、观察角度、话语力量等等，笼统地纳入对研究者的主观局限性或能动性的考察视野中（如图 3 所示）。这些因素不仅会影响到研究者的问题意识的形成，也会通过问题意识，影响到研究者对范式的选择和方法的确定。

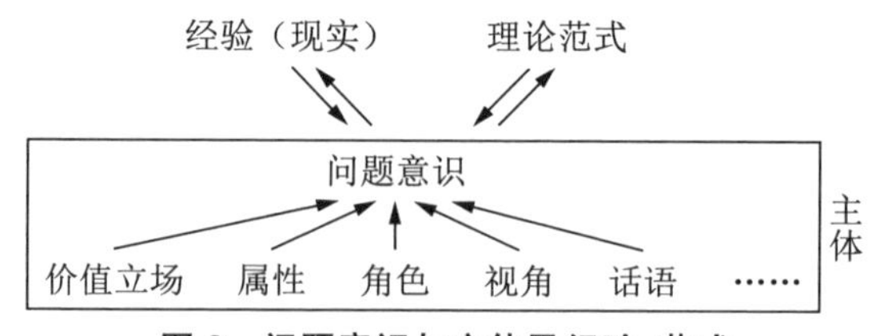

图 3　问题意识与主体及经验、范式

如前所述，社会科学之所以刻意回避“主体”，貌似因为学者认为“价值”会构成影响社会科学研究“科学性”“客观性”的负面因素。但就像将“价值中立”奉为圭臬的社会学主义，其实它正是以学者（作为知识分子）一般都具有自身价值立场、价值目标为前提假设的。

在这种情景下，强调客观性的专业主义、科学性原则，实质上是一种以现实主义、实用主义为特征的伪专业主义——研究者在规避主体价值立场的说辞下，可以轻松地实现专业知识的寻租：不停地穿越于各种社会场域（如学术、市场、政治、传媒），自如地变换不同的社会角色，并根据现实需要来选择研究的主题、范式及方法。在这样的研究活动中，与学术研究的“主体”类似，属于研究者自身的体现学术追求的“问题意识”，事实上成了知识生产的可有可无的多余之物，甚至成了负面的障碍物。

（二）研究者的社会角色与范式选择

这里想特别强调“社会角色”对于社会科学研究者的问题意识所具有的意味。角色可以被理解为个体与社会间的主要媒介。在这种时候，影响学者的研究主题、问题意识的“主体”，与其说是研究者的价值立场，倒不如说主要是角色扮演需要。

围绕着“社会科学家”这一社会角色，我们可以看到某种角色丛的存在（见下表）：学者可能在不同的情景中扮演着教师、研究者、社会行动者、知识分子、专家、政策咨询师等角色，或者可以说，在大部分国家的大部分时期，作为社会角色的“社会科学家”，正是由这样一种角色丛构成的。在这种角色丛中，不同的角色之间，既可能是一种互补的关系，也可能是互相冲突的关系。

社会学家角色丛

角　色	角色规范
教师	知识体系传承，学理性
学者	知识生产，独立性
思想家	价值追索，思想创新
专家	知识寻租，服务性
社会活动家	社会干预，社会责任
知识分子	公共性，批判性
决策咨询师	政府智库，利益代表或利益整合
……	

当然，在实践中，这些角色之间并不存在绝对的边界，而且在很多时候其相互之间可能是统一、互补的。举例而论，一个研究社会政策的学者，完全可能同时在扮演致力于整合社会各方利益的决策咨询师，以及一个纯粹学者的角色，甚至也可能是关注社会正义价值的思想家。而一个优秀的教师，也可能同时扮演着社会活动家、知识分子的角色。一些投身社会运动的学者，同时也可能被政府吸纳于智囊班子中。

因此可以说，我们所面对，并正在经验的所谓“范式—经验”之间的关系，远不是简单的“西方—中国”的二元式关系。范式与经验之间的断裂、错位，很多时候是根源于我们作为社会科学研究者的主体——如何确立范式和方法，首先取决于我们扮演什么样的社会角色、如何确立问题意识。

范式并不可能抽象于具体的问题意识，尤其当今天社会科学内部已经存在庞杂的理论资源、丰富的范式参照，而学术共同体尚未真正成形时，研究者完全可能基于自己的角色需要，任意地确立自己的问题意识，循着不同的学科、理论路径，确立不同的研究范式。这种状况不可能不对学者问题意识的提炼构成限制、对中国社会科学界摆脱“实用工具性”“粗糙加工品”印记的进程形成掣肘。

（三）关于“超越”

当然，研究者之中，不乏愿意坚持“学者应该超然于对象立场之上”这一观念，并因此致力于秉持价值中立原则、依科学性原则而接近对象及其问题的实践者。而且，身处本土田野、面对滚烫的经验事实，“学术创新”也很容易成为学者的外在诱惑和内在冲动。然而，对于中国学者，能否融入、如何融入世界学术共同体的问题，远不是一个范式与经验之间如何对接的问题。

首先，借用社会学的视角，在“中国经验”与“西方学术界”之间，事实上存在一个可称为“社会学意义上的异时代”的问题：剧变中的中国社会，正遭遇欧洲古典社会学意义上的种种问题，然而中国的研究者接受的培训以及借鉴引入的学术资源却多为当今西方学术界的现代的，甚至后现代的时髦理论和研究方法。其结果是中国社会学不可避免地陷入种种悖论之中，就像有的学者指出的那样：其表现之一，是“就‘问题意识’的生产而言，面对巨大的社会转型，社会学本来应当具有把握社会制度和阶级再形成的宏观眼光，培育生产宏大话语的能力，但却因遭遇‘后现代’思潮，接受了强调‘碎片化’的思维方式而丧失了这种能力”(沈原,2006)。

在这种情形下,面对强势却缺乏现实感的当代西方社会科学的概念框架和理论体系,中国本土的学者,即使具备相应的对西方科学哲学及专业知识体系的理解力,但一当他尝试阐释本土经验,往往便可能面临种种问题:切肤感的缺失、形与神的分异,以及削足适履的别扭等等。显然,这不只是一个通常人们理解的范式与经验之间的西方—中国问题,其背后更存在一个“社会学意义上的异时代”问题。

正因为如此,我们不难注意到,近年来,无论是中国本土的学者,还是西方研究、关注中国或东欧各国社会变动的各国社会科学研究者,甚至包括日本(战后以来同样经历了种种社会变动)的学者,都纷纷开始转向对古典社会科学资源的再发掘。韦伯、涂尔干等关于“现代化”、关于“社会”等古典命题以及社会学、政治学、经济学的各种原问题,乃至波兰尼等现代学者在 20 世纪中叶所作的社会转型研究,一一重新浮现。特别是在社会学界,对古典社会学价值的重新阐释,以及新古典社会学的兴起,实际上意味着学者对“社会学意义上的异时代”的某种程度的觉悟。这种学术现象,一方面,有助于各国研究者纠正现代社会科学研究在精致化表象下的碎片化、矮化倾向。另一方面,由对“社会学意义上的异时代”的自觉,很可能,学者得以寻到某种超越所谓“西方范式—本土经验”关系的新的可能——从对东西方之间“社会学意义上的共时代”的发现,去探讨人类社会变迁的共同经验,以及在此基础上可能发现的中国经验的特殊性、多样性,并由此提炼真正有价值的问题意识、生产新的理论范式。

其次,就一般情形论,以转型社会为对象,研究者在方法论层面,往往会感受到整体主义方法的特殊有效性。但在现实中,较之“整体主义”与“个体主义”的方法选择难题,真正令我们感受到困难的,却是这样一种事实:如果我们选择整体主义的研究路径(这也应该包括历史比较研究)来研究、阐释当下中国社会的转变,作为个体的学者,我们不仅有一个对于包括社会学、政治学、经济学、法学等在内的社会科学综合知识的准备不足,以及对各国社会变迁历史及其现状了解不够的问题,我们更存在一个对中国社会自身(包括政治、经济、社会、文化等等)结构演变轨迹的学术失语问题:对现当代中国一次次的社会变动、各个历史时期的社会结构、经济结构、政治结构的形成,以及各种社会系统再生产的机制、其运行和演变的逻辑等的研究和阐释,中国学术界存在太多的空白,更不用说获得知识界和社会普遍认可的基础性学术成就或历史共识。

在这种情况下，研究者如果试图对转型中的中国社会的结构关系作整体性的阐释，往往会因为既有学术资源的缺乏而将研究限制于一定的框架之内、抑或局限在一定的学理性阐释层面，或者，就可能滑向宏大叙事——以前者论，研究者的主体性难以表现为方法选择或范式选择的能动性。就后者而言，对中国经验的泛泛的主观阐释，对学术的超越性和研究者的主体性都只可能是弊大于利。

也就是说，我们面临的真正难题还在于，当我们试图从古典社会科学的思想、学术资源中寻找超越学术困境的路径时，却不能不看到，较之理论范式的西方性、异时代性，或主体的非规范性，真正阻碍我们接近问题的，其实首先是我们认清困境、超越困境的意图和能力。

今天我们如何实践学术本土化?

——以国家—社会关系范式的应用为例

国家—社会关系(relation of state-society; state-society relation),作为社会科学的一种范式(它也被称为"视角""分析框架""研究领域"等),在近一二十年来的中国学术界被广泛运用。至最近几年,学术界渐渐出现了一些主张对其进行"反思"的呼声。这其中,除了少数对该理论本身明确持否定态度的学者外,部分学者关注的是这一理论在中国的学术实践中存在的不足或困难,如该理论在中国面临着概念工具不够或错位的问题,或与中国的语境及实际的政治结构或社会形态难以契合的问题等,①这些主张大抵是在讨论中国学者在社会科学学术实践中如何将西方理论本土化(localization)的问题;此外,也有的学者认为"国家与社会"的视角难以揭示中国复杂的社会变迁机制,因而主张以其他范式取而代之。②

"国家—社会关系"亦是我这些年思考问题的基本角度之一,在此过程中,无论是本土情景的复杂性、围绕理论与实践的方法论缠绕,还是试图从经验中提炼新分析工具的冲动及努力,都可说是切身的学术体验。如何看待这类理论在中国学术界的本土化议题,是这篇小文要讨论的主要问题。

---

① 如景跃进所主张的,"作为知识思考者而非改革倡导者,应至少考虑以下三个问题:如何处理好经验理论、价值理论和事实的关系;区分国家与社会关系和市民社会,作概率策略选择;如何在中国语境、政党—国家体制下探讨国家与社会关系,探讨分析工具存在的问题。"(复旦大学高等研究院"新时期国家—社会关系"学术研讨会相关报道,http://www.tsinghua.edu.cn/publish/ps/1940/2013/20130708110055195443963/20130708110055195443963_.html)。

② 肖瑛:《从"国家与社会"到"制度与生活":中国社会变迁研究的视角转换》,《中国社会科学》2014 年第 9 期。

一、当我们讲“本土化”,我们在讨论什么?

(一)“本土化”的必要性和局限性

社会学的“本土化”,在中国并不是个新话题,从科学哲学层面、概念理论一直到具体的方法层面,这些年早有不少学者展开过认真的讨论,台湾同行早些年开始的相关探讨也已经被介绍进大陆。尽管如此,我们仍有必要从“必要性”来切入话题。通常,“本土化”之成立,基于的是作为研究主体的本土学者对于本土经验的研究需要,以及有一套外来的科学理论及概念工具先在于我们的学术实践,并被我们匆匆用以本土研究的事实。这是一个充满张力的议题。因为我们很难否定,“本土的—外来的”这一关系本身并不构成某一门“科学”(它本身意味着具备普遍适用性)一定需要本土化的充足的理由,而只有本土的特殊性,才可能成为本土化的必要性的充足依据。但是,特殊性作为人类社会的差异性表征,依然可能属于人类社会的基本常态——没有哪一个社会,相对于别的地域社会、民族国家等没有自己的独特之处。而一种社会科学的理论或范式,如果它对于人类社会的差异性有足够的涵盖、对人类社会的普遍性有足够高度的抽象,那么,对于它的否定和超越,就需要学者站在比它更高的高度——这样的超越或者可能形成于学者个体的哲学思考,或逻辑推演,也可能形成于研究者对于人类社会某些本质属性和运行规律的新的发现,如此等等。

如果不是这样,当我们从解释某一具体社会的“特殊性”的需要出发,来反思我们运用的理论、范式,那我们所能做的,更可能是在相关的概念、理论的次级层面,从具体的差异性中寻找适合于说明特殊性的概念工具,并抽象出相应的理念或范式,在此基础上,研究者或许还能进而补正更高层级的概念理论及范式,推进相关学科理论的完善或演变。这些,既构成“本土化”的必要性依据,也是它无可规避的局限性所在。

(二)中国学术界“本土化”实践中的几个问题

基于这样的思考,笔者对当下中国学术界的本土化命题及实践状况,不无疑虑。问题之一在于,不能否认,在我们的有关“本土化”(或称“在地化”)的语境中,有一个清晰可见的“西方—中国”的结构存在。①这个结构不仅成了今天中国一些学者的“思想、学术创新”的动力情景,也构成了本土知识的某种生产方式。但是,这个作为“本土化”情景的“西方—中国”,原是基于想象而历史地形成的概念。它的问题早有中外诸多学者指出。以今天的实际情形来说,单就已经翻译进来的各种外来知识文本而言,“西方”显然不能被用以指代我们所接受、了解的各种学术思想及理论范式的母体②。另一方面,以国家为单位的“本土”,无论是其文化知识体系,还是现实的社会、政治、经济状况(即所谓“国情”),其内部的整体同质性,以及相对于外部世界的特殊性,在一定程度上也是意识形态的延伸,是社会建构的产物。

关于社会科学在中国的“本土化”,另一个我们习焉不察的潜在问题是,当种种“社会科学”的理论被引入中国后,它们被国内学术界用以认识、研究的,主要是中国大陆的现实——“社会科学”在中国本土实际形成了一种不无特色的“中国现实研究”(而非一般意义上的对人类社会的研究和认识)。毋庸讳言,无论是从发生学意义上讲(20 世纪 70 年代末 80 年代初中国社会科学的恢复机制),还是就其研究对象、学科特色,以及学术体制运行方式而论,中国本土的“社会科学研究”,总体上属于一种应用性的中国大陆研究,这种倾向性于今尤甚。一方面,对研究主体来说,“中国”及其现实需要始终是中国社会科学研究者关注和研究的主题或最终议题。另一方面,就实际成效看,浏览一下我们今天的学术期刊就不难了解到,除了一些国际研究、国别研究的刊物,其他的社会科学类杂志,论文题目几乎都是围绕中国问题而展开,甚至连规范的国际比较研究也极为少见。今天我们对这样的学术现象似乎已经习以为常,但对照一下国外社会科学研究者的学术视野和研究领域,以及其他国家的学术刊物,我们就不难注意到这其中的问题。

---

① 这个结构甚至也以体制形式被确立。以社会学为例,在各大学的课程体系中,涉及学科理论和社会思想的课程主要有“西方社会学理论”“中国社会思想史”(一些大学也同时开设“西方社会思想史”)。

② 在今天被翻译介绍进来的各种知识文本中,不仅美国与欧洲的英、法、德的理论体系和学术思想传统很难用西方来归纳定义,其他来自日本、印度等亚洲各国,以及东欧、拉美等国的学术研究,更不能被归入“西方”范畴。有意思的是,今天我们翻译进来的知识文本中,有一些其实是世界各地的华人学者所生产的。

本土化为何又何为？就学术界整体而言，如果学者对“西方—中国”的知识分类习以为常，对“为现实之需”的学术宗旨深信不疑，而又对探索人类社会的命运及普遍问题缺乏相应的兴趣，也缺乏相应的意识和能力去了解其他的民族、其他的社会，那这个学术群体就可能缺乏相应的可能性，去真诚理解理论的普遍性意义，同时也很难真正去揭示、诠释本土社会的特殊性。同理，在这种学术生态下，研究者实践的本土化、提炼的特殊性等，对于人类社会及社会科学可能具有的意义，也难免是有限的，甚至可疑的。

二、国家—社会关系理论的应用实践

(一) 理论的转变源于世界的剧变和学者对世界前景的想象

国家—社会关系是 20 世纪 80 年代以来各国政治学、政治社会学界最重要的研究领域之一，同时也极大地影响了其他相关的学科及领域。这一方面固然是因为在古典的政治学、社会学及经济学、行政学等的学术传统中，国家和社会早就是重要的概念和对象。同时也因为，20 世纪 60—70 年代世界各国广泛兴起的社会革命运动，驱动了学术界对于“国家”及“国家—社会关系”的重新关注。如我们所知，以“将国家带回分析中心”(Bring the State Back In)这样的口号为标志，①与国家相关联的研究在社会科学领域呈现出非常活跃，且区别于传统政治学和政治社会学的面貌。“国家”作为研究对象，不再只是一种客观存在的政治实体和主体，它同时也被视为一种象征，以及在政治、经济、社会过程中形塑阶级、社会、政党等的一种结构，一种规定情景。理论范式的更新，为相关的研究拓展了极大的延伸空间。自 80 年代以来，该理论的影响所及，几乎涵盖到社会科学的大部分研究领域，以至于有的学者将其称为“万能的逻辑框架和分析路径”。②

---

① 1985 年 Peter B. Evans，Dietrich Rueschemeyer，Theda Skocpol 等共同编著出版有(*Bringing the State Back In*)一书(Cambridge University Press)。

② 参见复旦大学高等研究院“新时期国家—社会关系”学术研讨会相关报道，http://www.tsinghua.edu.cn/publish/ps/1940/2013/20130708110055195443963/20130708110055195443963_.html。

在我看来,国家—社会关系理论在国际社会科学领域的迅速扩展,除了是由于理论本身的高度规范性、抽象性所致,它主要还是因为80年代以来世界的政治变动造成了学术界对相关理论范式的迫切需要。这种变动至少包括了以下三个方面的内容:(1)亚洲、中东、拉美等各地权威国家的民主转型;(2)苏联、东欧等一些社会主义国家的剧变、社会转型,以及中国的改革开放;(3)市民社会在日本等国的迅速兴起。①在此过程中,政治体制的转变、市民社会的兴起,政治抵抗、社会运动的活跃等,成为世界各地普遍发生的、最引人注目的社会变动事实,在一些国家(如我国)中,甚至市场的形成也是国家主导的产物。由是,国家—社会关系的相关理论成为研究者们观察、分析政经社会的基本工具,自在情理之中。由于各国研究者的学术实践,在国家—社会关系的框架之下,一些政治学和政治社会学的概念理论被广泛地用作重要的分析工具,如威权政治、极权政治、民主化、民主参与、社会参与、社会转型、市民社会、利益表达、社会运动、劳工理论及国家理论等等。

在缤纷多样的研究中,国家—社会关系理论的生命力,不仅源自世界各国现实中的政治、社会的变动,它也与其背后的哲学思想及价值资源的支撑有关:

(1) 有关国家—社会关系的研究从政治哲学史、社会思想史中获取了丰富的资源。这其中,包括权利、价值、公平、平等、自由、民主、正义、秩序、道德,以及公共性、公共领域等哲学思想及概念,大量地被转换为经验研究的变量或分析工具,被直接应用于实证调查,成为解释社会变动的“行动目标”“道德资源”或“制度合法性”,等等。

(2) 相关的理论范式,让研究者获得了走入社会变动过程的学术路径,并据此探索现实社会的未来可能性。以“市民社会”理论为例,80年代以来,一方面黑格尔、马克思等的规范性理论,被研究者应用到了社会科学的实证分析之中,它也成为研究者从社会变动中发现价值维度、价值过程的有效的思想资源和理论工具,相关的研究也不无成功地将“市民社会”从一种想象中的理想类型转变为了分析、定义现实社会的有效概念。在此过程中,不少研究者关注或直接参与政治过程、社会过程的学术热忱被激发,这在某种程度上让研究者得以克服韦伯式解释学的国家研究的

① 这几类变化在这儿仅为概约式分类,在一些国家,政治体制转变、民主化、市场化、社会转型,以及市民社会的兴起等的过程是重叠发生的。

保守性。

(3) 对国家—社会关系理论，特别如市民社会理论等的应用，让国际学术界有效地突破了“东方—西方”这样的结构框架，尤其是非“西方”的各国学者在自身的研究实践中，得以摆脱东方主义及自我东方主义等的束缚，开拓出对本土社会、地域社会的普遍性—特殊性研究的新局面。①

(二) 中国的本土实践：成就和挑战

国家—社会关系理论在中国学术界的介绍始于20世纪90年代。至近十年，相关的研究在社会科学尤其是政治学和政治社会学以及新史学等领域有引人注目的展开，近两年更在法学、国家治理、社会治理和社会政策等研究领域被广泛应用。但与此同时，这一理论范式以及相关的理论如市民社会理论等，也被一些学者视为“西方理论”在中国的生搬硬套，其对于中国社会的适用性受到种种质疑。

如果我们具体回顾相关的学术史，不难发现，国家—社会关系理论范式在中国的传播，并不是简单的“理论搬运”的结果，而恰恰是研究者致力于本土研究的产物。就我视野所及，在国内学术界较早地将“市民社会”概念及理论应用于严肃的实证研究的，并不是社会学、政治学等学科的研究者，而是历史学者。20世纪80年代初，华中师范大学章开沅先生的师生团队在苏州档案馆挖掘整理近代苏州商会档案。在资料发现的基础上，该团队的成员在他们的研究中开始将近代苏州商会纳入“市民社会”范畴。在此过程中，为了回应西方学术界对中国历史的既有定论，如何运用国外社会科学的范式来解释中国历史，同时又避免照搬西方理论，成为研究者的复杂课题。对此，该研究团队成员之一的朱英曾有相应的总结和反思：“最早做商会研究，强调的是资本主义的发展、资产阶级的壮大，集中在民间社会的发展和影响上，忽略了国家、政府层面的东西。后来我在研究过程中，越发感觉在中国这个特殊时空下，民间社会的形成，并不像西方社会那样自然而然地发展，而必然受到各种因素的综合影响，其中最重要的一个面向就是国家，商会的诞生是个很明显的例子。要全面地考察近代中国新的现象或者社会细胞的产生，必须全面地认识它，要能了解它究竟是怎样运作的。”正是在这样的情景中，朱英等商会史研究者将

① 沟口雄三，「アジアにおける社会と国民形成」，『アジアから考える(4)：社会と国家』，東京大学出版社，1994年。

商会这一经济社团放到了政治史的研究范式中去加以说明,之后又逐步引入了现代化范式、市民社会和公共领域范式,并逐步扩展为国家—社会关系的分析框架。对此范式转向过程,朱英认为"我感觉它似乎更有利于商会史及整个近代史研究的深入。事实证明,也确实如此。发展到现在,应该说,'国家与社会'的分析框架对于我们近代史甚至很多相关学科,包括古代史,都有很大的影响。现在好多具体问题都是通过它去分析的。"①

类似的学术实践过程,也存在于社会学界。在中国社会学的近现代学术史中,国家研究和政治社会学研究是相对缺失的。王亚南先生的《中国官僚政治研究》原是学术史上极难得的历史社会学、政治社会学的经典成果,很遗憾他并没有受到学术界应有的重视。20 世纪 70 年代末社会学因受到认可而被恢复重建以来,一方面,诸如"社区研究"这样的学术传统被重新建构并被倡导;与此同时,与台湾地区类似,社会学之于国家发展、社会和谐的有用性自证成为学科性格的重要面向。相应地,一些具有均衡主义特色的结构功能主义理论受到普遍推崇。②在此背景下,国家—社会关系理论范式在中国社会学界的应用,主要是一些研究者被社会推动,试图对现实的社会冲突作出学术回应的实践结果。以我的经验为例,当 2002 年左右进入城市田野时,正是征地农民、动迁居民与政府间的分歧,不同阶层市民的利益表达困境等将"国家与社会"这一现实议题带入了我们的视野。在我的研究过程中,从以"利益表达"概念来定义"冲突"开始,围绕国家—社会关系的问题,对经验与范式间关系的反复诘问,始终是无法逃避的艰难课题。

对于 20 世纪 80 年代成长起来的中国社会学者,较之"学科本土化"这样的课题,更为现实、更为艰巨的挑战,或许是如何解释 90 年代以来中国社会的变动局面。就中国的政治、经济体制和社会状况而言,对中国社会"特殊性"的强调,以及有关"西方现代化理论"的失效现象等,与其说是能令学者兴奋的学术发现,毋宁说是让人感受复杂的社会命运。与此同

---

① 朱英:《没有想到市民社会会成为敏感话题》,《南方都市报》10 月 24 日第 15 版"大家访谈"。

② 参见叶启政:《从社会学既有性格论社会学研究中国化的方向与问题》(《社会、文化和知识分子》,台北东大图书公司 1991 年版);沈原:《强干预与弱干预:社会学干预的两条途径》(《社会学研究》2006 年第 5 期)等。

时，作为主体的国家与社会以及两者间关系的急剧展开，既是我们的日常经验，更是社会学田野调查研究者随处可能遭遇的社会事实。真正的难题在于，研究者如何能从学理上去揭示这个社会的变动机制，并以普遍原理去分析、说明这个看似不无特殊的社会的深层结构及其形成逻辑。在我看来，中国学者对国家—社会关系理论的应用，首先是研究者将中国视为社会科学的研究对象，亦即普遍世界一分子的必要的学术途径。这些年来，国家—社会关系的理论和视角渗透到了中国社会学的各个层面，这其中有对总体政治支配结构的解释①，有对中观层面的各种关系（诸如官—民关系，政府间关系、官—商关系、社会团体间关系等等）的描述和分析，以及微观层面对行动者的策略及逻辑等的解释。从中我们不难发现学者对中国社会学传统和国外中国研究的种种突破，以及学者基于个体实践对于自我工具化倾向的克服。此外，社会学者对于国家—社会关系理论的探讨和研究，事实上还成为社会学界与史学界及社会科学其他学科间相互沟通、共同回应时代课题的一个重要领域。很难想象，如果没有这一领域的研究，中国社会学的现状以及社会学对于本土社会现实的建构会是怎样的。

当然，同社会科学的其他研究领域一样，国家—社会关系理论在中国的应用，总体上被镶嵌于中国的社会体制和学术生态的格局之中。作为个体的研究者，即使他能超越结构的限制，亦很难超越时代本身。就具体的实践体验而言，深切感受到的无力感还在于，在对许多中国现实问题的描述和分析中，由于缺乏相应的分析工具，我们至今仍难以清楚地说明我们身处其中的社会是一种什么类型的社会？在国家—社会关系的现代转型中究竟发生了些什么？虽然这些年不断有学者努力在理论上尝试一些新的突破，但总的来说，由于学者依据、参照的主要还是中国本土的现实及其相关学术文本，因此，其对理论的回应及创新，多只能以次级概念的形式被应用于国内相关领域的研究，而较难形成具有普遍性的理论范式，为国内外学术界所共享。②

---

① 如孙立平的《总体性社会研究：对改革前中国社会结构的概要分析》（《中国社会科学季刊》1993 年第 2 期）；渠敬东、周飞舟、应星的《从总体支配到技术治理——基于中国 30 年改革经验的社会学分析》（《中国社会科学》2009 年第 6 期）等。

② 当然，新的理论范式的形成和传播，需要时间，也需要相关的学术条件及各种契机。

三、走出困境,我们需要重构经验世界

经验对象的个别性与研究范式的普遍性,是社会科学研究者时时面对的一对矛盾。关于今日中国的“特殊性”,郭于华教授曾在《我们究竟有多么特殊?》一文中指出,“特殊主义与普遍主义的关系是一个长久争论的话题。作为处理社会关系的不同标准和方式,两者其实并非决然对立,非此即彼。在几乎所有社会中,普遍主义与特殊主义都会并存;只是一般而言,传统社会通常更强调和盛行特殊主义而现代社会普遍主义会获得更多的认同,毕竟,人类构成的世界正变得愈来愈相似和关联紧密,人们的社会生活需要更多的共同准则与价值。”①在这里,我想讨论的则是这样一个问题:在当下我国社会学的学术生态下,特殊性提炼,以及基于“特殊性”的普遍性抽象,有些什么样的可能?

如前所述,有关“国家—社会关系”的理论范式在思想上吸纳了政治哲学、社会哲学的丰富资源。在学术实践中,自70年代以来,国际学术界追随世界各地各种类型的民主转型、社会转型及各类社会转向,已经积累了极具丰富的学术成就。该理论对人类社会的一些基本原理及演变规律给出了相应的分析框架,又以其特有的规范性和开放性,将诸多的政治学、社会学、政治经济学等的理论范式、概念工具等包含其中。当中国学者将这样的理论引入国内加以应用,研究者实际面临着两个问题:如何从世界经验出发来把握普遍性理论;如何以世界为参照来理解本土?

(一)中国社会学者需要走出“就本土论特殊性”的怪圈

特殊性相对于普遍性而存在。以国家—社会关系理论范式为例,如果中国社会学界对世界各国的“国家与社会”及其相互关系在现当代的变动缺少自身的研究,甚至对国际学术界的既有成果缺少必要的介绍和关注,我们如何能了解中国的差异性所在,并进而在学术上提炼其“特殊性”?

如我们所知,除了“西方理论”这样的既有范畴以外,中国社会学的学科设置、学术体制,并不如一些人文社会科学的学科(如史学、哲学、文学、

① 郭于华:《我们究竟有多么特殊?》,《社会学家茶座》2012年第4辑,山东人民出版社2012年版。

国际政治等）那样，将世界知识和相关的研究设置为基本的学科内容。在实际的应用研究中，也较少有学者和学生对中国以外的社会展开实证性的研究。中国的社会学者过于沉溺于本土研究——我们常常看到国外、境外学者和研究生充满学术热忱地来到中国大陆的城乡各地展开田野调查，可我们的学者和学生，即使在语言能力已不构成沟通障碍，且科研经费非常充沛的今天，也很少有兴趣去调查、去探讨中国以外的各国社会的现状及其历史命运，甚至对大陆以外的台湾和香港地区亦缺乏研究兴趣。这种情况，一方面不会不影响到学者、学生对外来各种普遍理论的理解；另一方面也必然限制学者的本土研究——在学术界缺少外国社会研究、国际比较研究的整体情况下，中国学者要客观地、准确地识别中国社会区别于其他社会的差异性，并进而提炼出中国的特殊性，是困难的。在逻辑上，没有经过横向及纵向的比较，就无法验证其社会结构或历史进程的差异性，更不能自证其差异性属于普遍性无法涵盖的“特殊性”。

在这样的尴尬中，作为应对策略，在理论上将国外学术思想资源及社会科学的普遍性原理简约为“西方理论”，同时在研究实践中自外于国际研究而专注于本土经验的挖掘，这些都可能是被用以应对现状的学术倾向。但这些既不符合“学术本土化”的原意，也无助于“特殊性”的自洽。涉及基于对人类社会普遍原理高度抽象的理论范式，上述这样的就本土经验论特殊性的研究，如何能对人类社会的普遍性原理作出回应，并在相同层面对理论提出质疑？更别说抽象出新的普遍性命题了。

以人类社会为对象，以世界各国为田野，这理应作为社会科学的社会学的学科基点。即使是为了更深入地了解中国本土社会，为了学术的本土化，我们的社会学也应该将中国放回世界中，构建起新的学科体系和学术版图。如此，国际社会学界的各种理论范式，才可能被置于其原初的经验世界中，获得其本来具有的意义，并得到适切的检视。同时，中国社会也才可能真正获得作为社会学研究对象的意义空间，研究者也才可能获得观察这个社会、理解这个社会的必要的参照系，并在理论上具备回应普遍范式的必要能力。

（二）学术本土化，研究者如何确立参照物？

不无遗憾的是，一直到今天，一些学者在质疑外来社会科学范式的适用性时，依然是以“西方—中国”这样的二元关系为依据的，或者是因为两者之间的社会、文化的异质性、意识形态或政经制度的对立性，或者则干脆认定西方理论本身是二元结构式的,所以是应该扬弃的。

突破这样的局限,首先,我们有必要将自己从“西方—中国”的结构中解放出来。在认识论层面,我们需要避免以“反东方主义”为形式的“自我东方主义”。在方法论层面,我们应该重新反思认识世界与认识中国的辩证关系。

本土存在于世界之中,我们需要通过各种视角,借助各种认识工具来认识它。举例而言:(1)作为地域社会,中国属于“亚洲社会”“东亚社会”。在今天的社会科学领域,超越于传统亚洲论的亚洲研究、亚洲各国当代社会变动研究,尤其是亚洲市民社会研究,早有丰富的学术成果和相关的理论,这些理应成为我们重要的参照;(2)作为实践社会主义运动的重要国家,对中国社会变动的研究,特别是国家—社会关系的研究,学者也有必要从世界社会主义运动的历史研究,以及当今苏东各国的社会剧变研究及越南等亚洲社会主义国家的社会变革研究中,寻找相应的参照;(3)作为经济高速发展国家,我们的社会学研究也需要以80年代以来世界各地的后发国家为参照;(4)不用说,对中国的研究,我们还应该将台湾、香港地区及其他华人社会的研究纳入视野,作为我们思考中国政治、文化,中国社会的问题及未来可能性的重要参照。就逻辑而言,“学术的本土化”应该有一个“学术的世界化”作为前提。认识中国,无论是其普遍性还是其特殊性,都需要具备“从中国认识世界”和“从世界看中国”的能力。在今天,我们已经不难从国际学术界、思想界找到各种业已超越东方主义及西方—东方二元结构的学术参照物,来帮助我们重新认识世界和中国。

其次,学术本土化,也隐含着一个“何为本土”的问题。如果说中国社会确实存在某些区别于其他国家的特殊属性,它们是些什么?本土性植根于社会的文化和历史传承,那么,这种文化的核心价值规范体系是些什么,其历史变动中社会结构的不变性到底有些什么?

毋庸讳言,“参照物”也正是今天试图确认中国本土性的研究者普遍面临的一个难题。除了种种意识形态的纷争、文化的断层以外,对于中国近现代的社会史,特别是当代社会史、政治史,学术界也有太多的空白。我们对于中国性(chineseness)的确认,很多时候基于的是碎片化的历史文本或观念化的想象,还有就是对海外中国研究文本的选择性应用。学术基础的缺乏和思想观念的分裂,互为因果,成为本土学者在学术层面探讨本土性的无形障碍。我曾以费孝通先生的农村社会学研究为例,分析“乡土中国”概念与当今主流中国观的形成之间的复杂关系,由此得以一窥“中国性”的建构机制及其问题所在。①事实上，笼统地以“传统社会”“乡村社会”或“家族社会”等为参照物，来确认正宗的中国本土性，或视议题需要而随意地将“民国（资本主义）社会”或“社会主义社会”等视作“社会转型”的起点，在学术界都是较常见的确认问题意识的方式或研究问题的方法。但是由于这些基本的概念、范式及其背后的历史，还有许多问题未及梳理，也缺少为学术界共享的基础性知识，所以，一些研究者或者因为缺乏本土的分析工具而勉强地直接援引国外概念，或者因为缺乏本土历史的参照文本而回避问题中的历史维度。在这样一些研究中，“本土”很可能只是经验素材的田野或数据库，它可以被嵌入各种现成的理论，被检验、被阐释。当然，还有不少研究者的学术本土化努力，或者因为倾向于方法的科学性，或者受困于价值的虚假、虚无，从而有意无意地剥离研究对象的社会性，在这样的研究中，形态的特征成了本土性的主要内容。诸如此类。

在这样的情况下，没有捷径可走。学术的本土化，有赖于中国人文社会科学基础性研究和应用研究的综合、全面的发展，也有赖于社会科学研究者在某种程度上的（基于规范的社会科学方法论训练的）对历史和文化的回归。在此不能不再次想到，似王亚南先生的《中国官僚政治研究》那样的研究及其所代表的学术传统，对于中国社会学是何其重要。

---

① 陈映芳：《传统中国再认识——乡土中国、城市中国及城乡关系》，《城市中国的逻辑》，生活·读书·新知三联书店 2012 年版，第十三章。

附文一　青年与城市社会研究：调查城市的难度在哪？①

《澎湃新闻》按：

城市有多少面向？有一些隐秘而真实的城市生活，存在于商业综合体和高楼大厦的背面，棚户区、建筑拆迁工地、烂尾楼、黄鱼摊，居住其中并赖以为生的人，就和我们生活在同一座城市。

即便现下有大数据，我们仍然难以明确这些人生活的细节。是何种命运的力量把他们推到这里，城市的经济运行、公共政策、空间安排，对这些人现下的生活起到了什么影响？探究这些问题，就是在探究城市的根本。

多年来，上海交通大学社会学教授陈映芳带领一批批青年学子，致力于这个层面的城市社会学考察研究。从2003年3月出版的《移民上海：52人的口述实录》，到2006年5月的《棚户区：记忆中的生活史》，再到2015年6月出版的《寻找住处：居住贫困和人的命运》，这些研究梳理让我们得以见到一部城市的困难人群生活史。

对城市困难人群的活动空间，我们应该如何关注和考察？青年人对此又能做些什么？7月，《澎湃新闻》特地对陈映芳教授进行专访，她从研究青年社会学的博士毕业论文出发，与我们分享了"年轻学子与城市研究"的思考。

澎湃新闻·髀设：您的博士论文是关于青年社会学研究的，但后来从事的是城市社会学研究。现在的青年学者的城市研究，跟上一代学者是否有明显不同？

陈映芳：如今人们讲到世代论、代沟现象等等，常含有点进化论倾向。

① 按：采访人（澎湃新闻记者冯婧），2015-09-20，20:23。来源：澎湃新闻，https://www.thepaper.cn/newsDetail_forward_1377272_1。

背景之中，有人们对社会进步、技术进步的想象和期望，也有代际竞争的因素在起作用。社会权力往往已经被上一代握在手中，而下一代多半会操作世代论的语言，“××后”竞相登场，急切地宣布上一代的落后过时，以未来性来为自己一代壮声势。

但事实并没有这么简单。“文革”后我们进入大学，就曾看到，拄着拐杖的老学者们（他们主要在20世纪40年代接受大学教育）的学问，与中年一代学者（50年代、60年代上的大学）的学问是不一样的。这主要不是个体的问题，而是时代造成的。时代之于文化，也许存在总的历史大趋势，但在具体的历史时期和一代代人身上，不存在进化、进步的必然。

不过，这十多年来，在国内的城市研究领域，年轻学者的某些优势是显而易见的。我们的城市以特殊的方式高速发展，与此同时，大学的规模、知识和学术的信息也是今非昔比。20世纪末，我刚开城市社会学课时，图书馆和书店里，城市学的书少得可怜。如今你看，城市学成了一门跨学科的显学。以前在上海的大学里，讲到城市研究，主要就是像同济大学的城市规划和建筑学，还有就是华东师大的地理学等等。现在各个大学、各门专业几乎都开设有与城市研究相关的各种课程。

除了知识的增量、学术信息的开放，人们的城市观这些年也经历了种种变化。

澎湃新闻·髀设：您一直在带着学生做城市社会的调查，指导他们的毕业论文。这些年，您是否体会到学生的学术兴趣和论文水准发生了变化？

陈映芳：变化是有的，但不一定是线性的。前面我讲大学里的变化，主要讲的是学科及其知识的增量、学术信息的开放，至于学术水准，这很难说，标准不一样。现在不少学者在担心“大学的溃败”，主要是在讲学术理念、学术规范问题。70年代末开始，有一个时期，学术在学生和学者心中是崇高的事业。后来发生了变化，我们都看到了。在目前的大背景下，我自己觉得，学者、教师除了致力于改变环境，还需要以个体来面对时代。

以我过往的体验，学生的成长虽然主要受社会大环境左右，但教师在一定程度上是可以影响学生的学习生涯的。现实中，教师在制度框架下，依然在具体教学中握有一定主导权；与此同时，大部分学生对大学多少是抱有理想、期待的，尤其像社会学专业的学生，不少学生关注社会命运，对社会理论也充满好奇。教师如何引导，对他们很重要。

十几年来,罗列一下的话,我带学生做过有关流动人口、棚户区、征地、城市开发、市民利益表达、居住贫困等各种问题的调查研究,在那之前,还以学生为对象,做过“考大学”行为的调研。大部分的活动中,我有过这样的感受:开始是我动员、培训、组织学生,到后来,则是学生在推着我一起往前了。

这些年我与助研们先后编辑出版过一批本科生社会调查的实录和研究生的专题论文集,如《我是这样考上大学的:70位大学生自述》《移民上海:52人的口述实录》《棚户区:记忆中的生活史》《双城记:京沪众生素描》(与北京大学郑也夫教授共同主编)《征地与郊区农村的城市化:上海市的调查》《都市大开发:空间生产的政治社会学》《寻找住处:居住贫困和人的命运》等等,还有一些,我们只是自己编辑打印,没有公开出版。很难想象,如果没有学生的热忱参与,单靠教师一己之力,怎么能做这些(而且这样的出版大多不是学校体制考核的学习内容、工作内容)。

学生的论文水准,主要还是个体间的差异,如果说有整体的变化,那多半是各种因素造成的,包括学生对专业的认同和指导教师的投入,还有研究团队组成的机遇、节奏等,当然我不否认存在大学整体学术理念下滑、学术考核功利化的趋势,以及一代代人价值观和行为方式的变化。

澎湃新闻·髀设:学校里有很多优秀的青年,您一定指导过很多优秀的论文,其中有哪些令您印象深刻?

陈映芳:要导师客观评价自己学生的论文,而且拿他们来比较,这个有点为难了。不过我确实常常会为自己的学生感到骄傲。

不同阶段的学生,对论文写作的定位应该是不一样的。本科生是打专业基础,同时最好能激发他们的求知欲(在中国他们此前一直在被动应试)。博士生我一直觉得应该做他们自己独立的研究(我会组织读书会和论文研讨会)。相对而言,硕士生可塑性强,如何确立他们的学术概念很重要,我带他们做团队研究比较多。

我曾经连着几年为社会学专业的本科三年级学生开一门论文写作课,准确的名字应该是叫《社会学研究和论文写作》,每次整整一个学期。开头篇章两句话分别是“论文不是写出来的,而是研究出来的”,“选择自己真正有探索兴趣的题目”。用三分之一时间立题、预研究,探讨方法,最后三分之一时间是一稿二稿地修改。将每一个学生实实在在带入问题之中、研究过程之中。三年级有了一定的专业基础和个人思考，但还没有开始实习/求职，是大学本科阶段最难得的时间节点。学生因此可以有一次较纯粹的学术体验，很奢侈。后来有一些学生毕业时告诉我，四年中最投入、最难忘的就是这一门课。我曾将一些论文挂到当时的"文化研究网"的教学论坛上，听到了学界朋友的好评。中间有的论文还得到学术界的引用。几年前教育部在全国各高校搞本科教学评估（第一次本科评估），有的评估专家还在总结大会上专门表扬了这批本科生论文。

上面我提到的几本研究生集体撰写的专题著作，像《征地与郊区农村的城市化》和《都市大开发》等，都是我与硕士生团队共同研究的成果。每一章都是学位论文的核心部分，在这几个学术领域，我们都是起步很早的，《都市大开发》后来还得了学术奖。我常半开玩笑地说，那时是将硕士生当博士生带的。

其实在我眼里，不少学生的论文非常不错。通常我要求，学生开题必须寻找新问题、确立独立的问题意识，这不很容易。而且因为城市社会结构复杂，城市调查有特殊的难度，这些对学生都具有挑战性。令人欣慰的是，有一些硕士研究生后来继续攻读博士学位，而且还在继续他们先前的研究，其中有好几篇硕士论文后来经修改被发表在《社会学研究》《社会》等国内重要刊物和国外学术刊物上。

要说印象深刻的毕业论文，这与得奖或发表无关，是非常个人性的。有的非常好的博士学位论文，因为种种原因，一直没有发表。说到底，原创性学术在人文社会科学领域，有时只能是寂寞的、个人的思考。

澎湃新闻·髀设：您觉得，人文社会科学研究对城市的作用是什么？

陈映芳：人文社会科学，特别是社会学，很早就存在于国外城市学的历史中。例如讲到城市生态学、空间理论等，我们都要提到它们源于社会学的"芝加哥学派"。今天讲到认识城市的本质，也离不开韦伯的城市论、芒福德的城市文明史等等。现在到国际上参加城市研究的学术大会，你会看到，不管是规划的还是地理的，大多在讲人的生活、讲城市社会问题、讲城市公平问题。

现在我们如果提人文社会科学与城市研究的关系，主要基于中国的问题：城市在中国一度被认为是一个工科的问题，后来又被认为主要是经济学、经济发展的问题。这几年有一些变化。背景之中，是因为现实中城市高速发展、城市大开发所造成的问题已经越来越多地暴露出来。但要真正将“人文精神”“人的价值”“社会公平”这些深深地植入到中国人的城市观、中国的城市学中,我想还有待大家的共同努力。

社会学研究可以帮助其他城市研究学科,比如城市规划学科,了解城市运作的社会学的和政治经济学的逻辑,了解城市的空间是如何被生产出来的。现在讲城市发展,往往“经济发展”被视为首位需求,“人”的需求被认为是次要的。人与土地的关系是被割裂的,只是商品和消费的关系。一些“社区的消失”对人和社会的损害也被有意无意地忽略。在各地的大城市、超大都市,表现出来的更多是空间(背后有权力和资本的力量在运作)对人的控制,城市通过空间的更新进行人的置换,等等。

关于人文社会科学与城市研究的关系,在中国我对年轻学者抱有期望。我接触过一些城市规划界的年轻人,无论是大学里的还是规划院的,可以明显感觉到这几年的变化。现在的情况有点倒了过来,研究城市规划的开始关注人文社会科学了,可人文社会科学的人较难了解城市空间和物理形态的原理,在中国不少人文学科的学者甚至对实证研究都很隔膜。现在不少社会科学的学者、学生在讲“城市治理”,但大家对城市学缺乏必要的知识准备,学科体系也不重视这方面的专业训练。

我在上海交大曾开过两门公开课,一门是本科新生的“城市学入门”,另一门是研究生的跨学科课程“认识上海:城市中的‘地方’”,后一门我和两位不同专业的年轻教师一起讲,主要讲 place 与 space 的关系,讲城市的历史脉络以及场所、地方对于城市的意义,用一半时间到现场参观体验,感觉效果很不错。可惜后来因为学校停止了这类跨学院合作课程的实践,这门课没有继续下去。

澎湃新闻·髀设:很多读者都读过您的棚户区研究,您为什么选择研究贫困的人群?带学生做这样的研究,曾经遇到什么困难?

陈映芳:学者尤其是社会学者了解城市贫困问题、关注社会公平问题,这些应该被理解为理所当然的分内事。

具体说到当初做上海棚户区的那项大调查,最直接的一个原因是因为当时说它们马上就要被全部拆掉了。我有历史学的意识,觉得不做点记录的话,这城市的一个重要部分就什么都没有了。在那以前,我已经在一些社会调查中进入棚户区。置身那样的社区,作为一个社会学者,我曾体验过非常复杂的感受。

我们的学生之前对那个世界几乎完全不了解,不管是上海本地的学生还是外地来的学生。他们和那样的社区和居民的生活史之间，有空间、社会、历史的种种阻隔，事实上在调查中还有语言的阻隔（很多老人讲家乡话或家乡口音的上海话）。除了对调研员作一些必要的知识和访谈技术的培训，还需要在专业伦理上有所准备。

当然学生不难为这样的工作赋予意义，他们不缺乏访问贫困群体、帮助弱势者的热忱。但我告诉学生，不要有居高临下的道德优越感，也不要表现出救济者的姿态。

如何拿捏专业性，是这样的调查工作特别要注意的地方。在后来的调查中，我们确实遇到了各种各样的问题，是先前没有预想到的。每次社会调查后我和学生都会有一些反思讨论。

譬如，你们在书中可以看到，后来我们呈现的调查文本中，没有调查对象及其他们的居住空间的照片（我鼓励学生尝试画空间示意图，有几位学生标在文中了）。进入那样的场所，我们可以感受到一些受访者有羞耻感，一些老人的子女也明确反对这样的访问（这个群体在上海曾形成某种族群性，这种族群性与他们居住状况直接有关）。同时“我们”作为“他们”的观察者也会有一种尴尬，既缺乏能力更深入地进入他们的生活史、精神史，也缺乏途径帮助他们改变现状。特别是有的同学在无力感下会将我叫过去，希望我能为改变他们的现状起点什么作用。面对这样的现状，当一个“观察者”，我时常会有羞耻感。

在这过程中，我们能做到的，只能是尽可能地尊重他们，尊重他们愿意访谈或拒绝访谈的态度，尽可能地倾听并记录他们的原话，征询他们的匿名要求，还有就是削弱我们自己“观望”的视线权力（技术权力）——我们不用照相机去“看”他们。

关于城市贫困层的生活、棚户区等等，其实不少学科的学者、学生有研究，但他们的调研成果多以研究报告或论文的形式呈现。研究者看到和听到的，会变成数据、图表、引文、注释等，被附在科研成果中。这样的研究工作，我们也在做。但是，仅仅将贫困群体的生活采集来作为我们的科研标本，我内心是有不安的。我们不能代表他们，但是，既然这些素来沉默的人给我们讲述了他们的故事，表达了他们的情感特别是种种诉求，我们是否应该将这些转达给更多的人？城市中任何一个群体的生活都是这个社会的有机的组成部分。

当然，有好几位朋友曾跟我说，《棚户区：记忆中的生活史》如果能有学术分析部分就更好。其实调查当时我曾指导两位硕士研究生跟进去作了专题研究，我自己同时也有研究，后来两篇硕士论文写出来了。①但我后来意识到一个问题，我们两位研究生的论文数据是大调查当下的，包括居民人口数及职业、收入等数据，以及社区的生态，当时不少原住居民已经搬出去了。而我们的口述史实录记录的几十年的历史。两者之间存在历史维度的一些出入。另外我的个人研究虽然是讲历史的过程和原理的，可那项研究花了些时间，最后无法赶上书的出版，所以也只好作罢。

澎湃新闻·髀设：最近您编著的《寻找住处：居住贫困和人的命运》出版，您如何定义居住问题，该如何向人讲述它的意义？

陈映芳：要了解“居住”的意义，我们首先该思考的是：什么是人的生活？

居住是人的生活中最最重要的一个内容，它也是人维系生命安全的最重要的条件。“安身立命”，如果没有最基本的居所，人的生活、人的尊严等都无从谈起。但是这几十年来，“居住”成了城市普通人的生活大难题。尤其是今天随着土地成为大宗商品，“住房”成为最昂贵的生活消费品，它也成了城市最重要的政治，它扼住了无数人的命运。如果一个城市中有几十万甚至几百万劳动者、居民的居住生活是非常不堪的，我们怎么能说这是座好的城市，这是个好的社会？

关于城市中的居住生活，在这项调查之前，我们已经有一些相关研究的积累，我们这项研究本来的着眼点是城市居住生活救助系统的现状，包括政府的，社会团体的，亲缘、乡缘共同体的。调研员都是我指导的硕士研究生和博士研究生。后来，对社会救助体系本身的调查结果令我们非常失望。不过同时我们了解到，除了企业提供住处的，其他大多数无房者、租不起正式租赁房的人，主要是靠自己的力量在解决居住问题。城市中存在一个庞大的、违规违法的低端租赁市场。不少人只租得起一张床，甚至几分之一张床，用来安置他们的身体。而那些连这些便宜地方也租不起的人，则临时地栖身于各种特殊的场所，比如我们在调研中发现的各种居住方式，求职公寓、家庭旅馆、浴室、胶囊房、集装箱、网吧、24 小时快餐店和便利店、各种店堂隔层，甚至还可能是高架下、桥洞、车站、商铺屋檐下、拆掉的动迁房、厕所、公园凉亭，或者就是广场、绿地和马路边。

① 两位研究生的硕士论文分别为：江建军的；赵晔琴的。本人的研究后形成论文。

与国外城市不太一样的是，中国城市中还较少真正意义上的“流浪者”——我和学生在调研过程中其实是称他们为“无居者”的。中国城市中大多数无居者是劳动者，只是因为收入太少，也得不到公共的救助，所以夜晚只能睡在各种旮旯里，而白天还在从事劳作，在努力养家。也有不少人是短期地来这个城市求医、求职，寻找生活机会。

前面讲到调查棚户区过程中的调查伦理问题，在这项调研中我们也遇到过相应的道德伦理的困境。当调研员面对那些流浪者，会和他们产生直接的人格互动关系，接着，有的同学出于同情或采访策略，开始给各种流浪者买些吃的喝的，夜晚会去给他们送被子和衣服，有的流浪者也开始向他们索取。在这过程中我再次扮演了不无尴尬的督导员角色，试着将他们从个人的、面对面的施救者角色中拉回来。我希望他们能在调研过程中为自己设定相应的角色定位。调研员以个人之力，是无法真正解决问题的，我们首先要做的、能够做的，是用自己的研究成果影响社会，促进相关制度的改变，呼吁建立由政府、社会等各个方面合作的城市居住生活救助体系。作为个体的救济行动，我觉得还是应该通过扮演其他的社会角色（如相关社会团体的志愿者角色等）去投入。事实上，参与这项调研工作的同学中，后来有好几位毕业后选择了第三部门的工作。

将这项调查实录编辑出版的计划，虽然可说是我的一项初衷，但其间我曾再三犹豫。一方面，是觉得调研员很快都毕业了，我觉得他们该去忙新的工作和生活才是。另一方面，我对这样的文本在当下中国社会还能起什么作用，有点悲观。甚至曾自我质疑：虽然我们的城市开发、棚户区、居住贫困等专题多数是靠自己的科研经费出版，编者和作者基本上不赚取稿费或版税①，但这样的作品出版后客观上是否会助长公众消费困难人群苦难的情况？

最后，这项工作得以完成，得益于学生的热忱。他们对这本书的正面意义有确信，而且共同分担了修改、编辑等工作。我在为年轻学生的乐观精神感染的同时，确实也希望，这样的源于学术研究的纪录文本，能让更

---

① 在笔者这些年主编的一系列调查实录和城市调查出版物中，《我是这样考上大学的：70位大学生自述》《移民上海：52人的口述实录》曾获得上海的学林出版社公费出版支持，《双城记：京沪众生素描》曾获得上海交通大学出版社公费出版支持，《征地与郊区农村的城市化：上海市的调查》得到了有关机构出版赞助。在此一并向上述机构表示由衷感谢！

多的读者认识自身及身处的社会——这些故事及其隐含其中的社会原理会告诉大家:城市的居住生活是脆弱的,其中每个人都可能被“一席之地”难住,或因为某些原因而失居,从而成为需要社会救助的人。我希望它能有助于激发市民的同理心和连带感。

澎湃新闻·髀设:最后,对我们的髀(毕)设计划,您有什么建议?

陈映芳:希望这个专题能吸引对城市研究感兴趣的、不同学科的学生。另外,让市民更好地了解城市。期待能用各种媒介方式和细节描述,给读者展示出来“什么是好的城市”以及好的城市是如何可能的。

附文二　为了更好的城市与社会

——中日共同研究回顾

一、恩师及母校的缘

最近这几年，在大陆，“那个时代”、“曾经”等等，渐渐成为一些学者的日常词汇，被用来记述20世纪80年代至21世纪初的各种人和事。

2021年夏天，当水内俊雄教授告诉我他即将退休的消息时，我禁不住也感慨：在过去的那个时代，我们曾经有过令人难忘的合作和交流！

在新旧世纪交替之际的1999年，我顺利结束了大阪市立大学文学研究科社会学专业博士课程的学业，回到中国，入职于华东师范大学法政系（次年发展为“法政学院”），随即投入对上海市的征地农民问题和城市贫困问题等的调查活动中。2002年4月，应我们社会学系的邀请，市立大学的恩师森田洋司教授来到华东师大，作了为期一个多星期的学术访问。在向华东师大师生介绍国际犯罪社会学新理论和日本教育社会学动态的同时，他也了解了我的研究新领域，并给了我热忱的鼓励。

回日本不久，森田老师来信告诉我，大阪市立大学将在原有的城市贫困问题研究的基础上，拓展城市文化领域，并已经成功申请到了日本文部省的COE项目。他希望市立大学的城市研究中心能够在华东师范大学设立上海事务所，建立起两校间的城市研究合作关系。为此，森田老师特意来到上海，与我具体商量了合作规划，并与华东师大及法政学院的有关领导进行了沟通。由于森田老师积极有效的推进，两校间的合作计划很快进入了具体的操作阶段。

这期间，森田老师热忱地跟我推荐了水内俊雄老师。他说水内是他非常欣赏、而且十分信任的年轻学者，他的城市贫困问题研究跟我正在从事的城市调查很接近，我们之间应该可以展开很好的交流。在介绍水内所投入的田野调查活动和市民活动时，至今我还记得森田先生不无幽默地笑着说："不过，他冲得太快了，我有时都觉得有点赶不上他。"

二、"两中心"的合作

在双方的教授团队和大学管理层的支持下，2003 年的年初，"华东师范大学现代城市社会中心暨大阪市立大学都市文化研究中心上海事务所"正式成立。在时任副校长的金儿晓嗣教授的带队下，由荣原永远男所长、水内俊雄副所长，以及事务局课长仲岭八朗等组成的大阪市立大学代表团访问了华东师大，并和华东师大的校领导和教授们一起，于 1 月 14 日在师大田家炳楼的城市研究中心举行了两中心成立仪式，随后并召开了第一次共同研究会。紧接着，3 月 11 日，由森田洋司教授、山口久和教授、丰田久龟教授、水内俊雄副教授、木原俊行副教授等组成的学术团队再次访问华东师大，和华东师大教育学和人文学科的学者展开了学术交流和合作计划商讨。

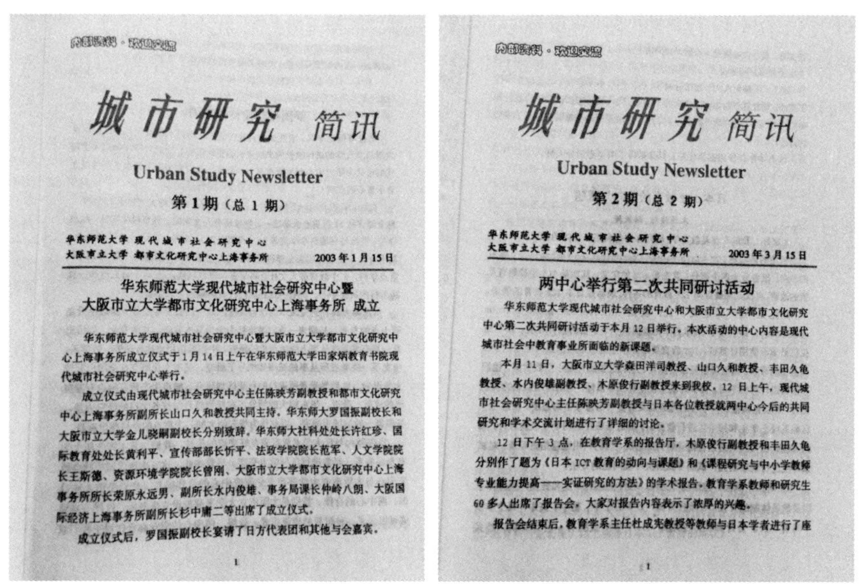

内部资料·欢迎交流

城市研究 简讯

Urban Study Newsletter

第 1 期（总 1 期）

华东师范大学 现代城市社会研究中心
大阪市立大学 都市文化研究中心上海事务所　　2003 年 1 月 15 日

华东师范大学现代城市社会研究中心暨
大阪市立大学都市文化研究中心上海事务所 成立

华东师范大学现代城市社会研究中心暨大阪市立大学都市文化研究中心上海事务所成立仪式于 1 月 14 日上午在华东师范大学田家炳教育书院现代城市社会研究中心举行。

成立仪式由现代城市社会研究中心主任陈映芳副教授和都市文化研究中心上海事务所副所长山口久和教授共同主持。华东师大罗国振副校长和大阪市立大学金儿晓嗣副校长分别致辞。华东师大社科处处长许红珍、国际教育处处长黄利平、宣传部部长忻平、法政学院院长范军、人文学院院长王斯德、资源环境学院院长曾刚、大阪市立大学都市文化研究中心上海事务所所长荣原永远男、副所长水内俊雄、事务局课长仲岭八朗、大阪国际经济上海事务所副所长杉中庸二等出席了成立仪式。

成立仪式后，罗国振副校长宴请了日方代表团和其他与会嘉宾。

1

内部资料·欢迎交流

城市研究 简讯

Urban Study Newsletter

第 2 期（总 2 期）

华东师范大学 现代城市社会研究中心
大阪市立大学 都市文化研究中心上海事务所　　2003 年 3 月 15 日

两中心举行第二次共同研讨活动

华东师范大学现代城市社会研究中心和大阪市立大学都市文化研究中心第二次共同研讨活动于本月 12 日举行。本次活动的中心内容是现代城市社会中教育事业所面临的新课题。

本月 11 日，大阪市立大学森田洋司教授、山口久和教授、丰田久龟教授、水内俊雄副教授、木原俊行副教授来到我校。12 日上午，现代城市社会研究中心主任陈映芳副教授与日本各位教授就两中心今后的共同研究和学术交流计划进行了详细的讨论。

12 日下午 3 点，在教育学系的报告厅，木原俊行副教授和丰田久龟分别作了题为《日本 ICT 教育的动向与课题》和《课程研究与中小学教师专业能力提高——实证研究的方法》的学术报告。教育学系教师和研究生 60 多人出席了报告会，大家对报告内容表示了浓厚的兴趣。

报告会结束后，教育学系主任杜成宪教授等教师与日本学者进行了座

1

今天回想起来，两中心的成立，最初虽然是市立大学基于 COE 项目的需要而主动提出的合作邀请，但这样的中日交流和共同研究，对于当时

华东师大城市研究的学科建设，以及上海高校甚至中国学术界的城市研究的起步，都具有非常重要的意义。那个时期，正是中国的城市开发、城市化运动迅速兴起的特殊历史时期，而中国学术界的城市研究还处于刚刚起步的阶段。正是在这样的背景下，在华东师大管理层和几个学院的大力支持下，我们一方面成立了以中日学者共同展开城市问题研究为主旨的两中心，同时协助华东师大的人文学院和教育学院，与市立大学都市文化研究中心的学者建立起了亲密的合作关系。其后几年中，在COE项目和其他中方项目的支持下，双方学者真诚合作，几个共同研究团队曾在上海和大阪分别召开了系列研讨会，并合作出版了一系列学术成果。这些成果对于中日双方的都市文化研究和知识界的相互理解，无疑具有积极的推进作用。

其中由我主持的华东师范大学现代城市社会研究中心，由于受到市立大学城市研究团队的启示，一开始就以跨学科的实证调查为主要方法，并建立起了社会学和人文地理学、城市生态学等专业的共同研究——人文地理学、行政区划学的林拓副教授师生团队、城市生态学的达良俊副教授师生团队，同我们的社会学团队一起，与水内教授带领的市立大学团队，开始确立了较为稳固的合作关系。基于棚户区调查、城市更新调查等研究活动，双方团队在华东师大和市立大学举办了多轮研讨活动。伴随着中心的成立和城市研究活动的展开，两中心发行了《城市研究简讯》(至2007年共发行30期)，及时地向市立大学和中国各地的大学和城市研究机构报道了两中心的学术活动和双方学者的最新研究成果。另外我们还策划了现代城市研究系列丛书(先后共出版五册)。这期间，水内教授曾和我们一起共同撰写和编辑了《现代城市更新与社会空间变迁:住宅、生态、治理》(林拓、水内俊雄主编)一书，还与我们一起编辑出版了《直面当代城市:问题及方法》(陈映芳、水内俊雄、邓永成、黄丽玲共同主编)一书。令人欣慰的是，《现代城市更新与社会空间变迁:住宅、生态、治理》曾获得中国教育部的“高等学校科学研究优秀成果奖”。该丛书中另一本由本人主编的《都市大开发:空间生产的政治社会学》也获得了“上海市哲学社会科学优秀成果奖”。

此外，两中心的研究活动和成就，也有力地推进了华东师大的城市学科建设。同年，华东师大成立了中国现代城市研究中心，并于2004年11月通过教育部组织的评审，正式成为中国高校人文社会科学重点研究基地。我们现代城市社会研究中心的团队成员，成为中国现代城市研究中心的骨干力量。

三、城市贫困问题是我们的共同课题

就我个人而言，与母校大阪市立大学的城市研究团队的合作，曾是我在华东师范大学工作期间（1999—2011年）的一项重要工作，对我的学术活动也产生了特殊的影响。不仅因为得到了城市文化研究COE项目的支持，还因为我从水内俊雄教授以及他率领的研究团队及其市立大学城市研究国际网络那里，获得了诸多的理论滋养和方法参照。

回忆起来，大阪市立大学的城市研究传统，或许是我们共同的起点。众所周知，部落民问题和城市贫困问题，一直是市立大学的重要学术领域。而20世纪90年代，当我在市立大学攻读博士学位时，还曾经有机会参与过由森田洋司教授主持的大阪“野宿”问题调查团队的研讨活动（《大阪における野宿生活問題に関する研究》，1995—1996）。虽然后来我没有直接参与到田野调查活动中去（当时本人正在撰写的博士学位论文为《“青年”与中国的社会变迁》），但当我后来在上海有机会策划和组织城市社会调查时，很自然地，居住贫困问题和农民工等问题自开始起就成为我的关注重点。也因此，在两中心的第一次共同讨论会上，我与水内老师的发言,不约而同地都以城市贫困问题为主题(参见下图)。这也成为我们以后多年合作的学术基础。在当时,上海棚户区研究是我最初实践的城市调查项目之一。由于 COE 项目的经费支持和水内教授的理解、支持(在上海我们曾共同考察过棚户区和老城区),以及林拓团队、达良俊团队的全力合作,让我们的上海棚户区大调查不仅形成了生活史口述录的成果(编辑出版了《棚户区:记忆中的生活史》),还形成了跨学科的一系列学术研究成果(其中的一部分论文被编入了我们共同主编的研究丛书中)。

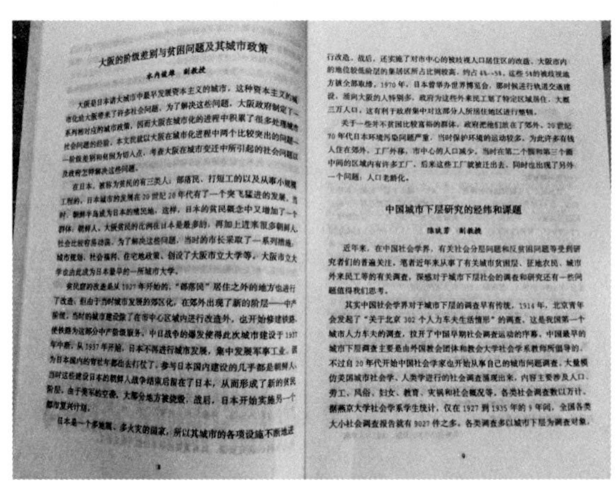

大阪的阶级差别与贫困问题及其城市政策

中国城市下层研究的经纬和课题

两中心《城市研究简讯》第 1 期内容

在主持两中心的日常工作以及那以后与城市研究中心(URP)的合作工作的同时,我个人有机会参与到了由水内教授等共同组织的亚洲研究团队中,作为成员之一,参与了一系列的国际研讨活动。这样的合作交流,给了我一个特殊的机会:从人文地理学的批判理论以及新城市社会学的空间理论出发,关注并审视土地开发、城市更新的逻辑,以及城市公平的形成机制。进入 21 世纪以来,发展观、城市主义在中国的城市化运动和城市开发运动中,曾影响非常广泛,也曾是学术界的主流思潮。而与 COE、URP 的国际网络和亚洲研究团队的合作和交流,让我的研究在一定程度上具有了正面关注并深入探讨城市公平问题的学术路径。在合作期间,本人作为 URP 亚洲团队的成员,曾先后赴首尔、东京、大阪和香港等地,参加了一系列的国际学术论坛。在参会的同时,团队还组织成员在各地城市考察了贫民住宅区、流动者聚居地,以及对无居者实施救助的政府设施和公民机构。这样的学术交流和城市考察，对于我的城市社会调查和学术思考，具有无可替代的重要意义。

正是在这样的背景下，2009 年开始，我组织我们的研究生团队，克服种种研究条件限制，在上海对居住贫困问题和各类社会救助，展开了持续数年的田野调查和学术研究（很遗憾没能组织大样本的问卷调查）。在指导研究生完成一系列论文的同时，于 2015 年编辑出版了调查实录《寻找住处：居住贫困和人的命运》。

2008 年 12 月东京 NPO 机构考察（右为水内俊雄教授，中间为本文作者）

华东师大城市研究团队与市立大学城市研究中心的合作关系，由于我于 2011 年调入上海交通大学工作，发生了一些变化。那以后，我作为海外兼职研究员，仍持续地参与了 URP 的一系列学术活动。此外，由于我兼任大阪市立大学的国际交流顾问，曾有机会回母校参加相关机构的学术研讨会议。这期间，每次回市立大学，URP 都为我提供了研究和交流的条件。印象特别深刻的是，曾有机会先后参加水内教授团队组织的几次田野考察（如大阪船厂更新项目、社区农园规划项目等，特别是对天王寺居住贫困区和社会救助机构的考察）。我曾在中国的一些城市论坛和学术刊物上，介绍过大阪城市更新和居住贫困救助事业。

四、反思和期待

今天，在人类遭遇新冠疫情危机、中日关系也充满种种不确定性的情景中，回顾当初我们共同投入的两校、两中心的合作事业，以及水内教授与我之间建立的长期的协作关系，我内心难免充满复杂的感受。

因为，像那样一种实质性的国际合作关系和共同研究团队的建立，首先需要以中日两国间友好的国际关系为环境。而对于中方来说，新世纪之初的那些年，是一个十分难得的、自上而下倡导对外开放的特殊时期。在那样的历史背景下，中国的大学管理层，曾积极地鼓励学者走出中国、走向国际学术界，研究者也曾热忱地投入到国际学术交流活动之中。没有那样的政治空间和学术氛围，我们当初那样的合作关系，以及那么深入的城市问题探讨，是难以想象的。对于身处本土学术界、正经历着持续的社会变动的笔者来说，这一切都带给我切肤的时代感。

当然，在学术上，对于东亚社会中的城市问题的共同关心，应该是我们之间持续协作的内在动机。而不同的专业视角，以及中国与亚洲其他各国之间的城市开发机制的差异，也让我们之间的相互交流成为共同推进城市研究的重要方法。

但除此之外，我想，也许我们之间的合作关系，多少还建立在对对方的想象之上——水内教授是一个城市研究专家，他对中国的政治—社会体制和大学的全能式管理体制，并没有专门的研究。而我虽然在日本留学多年，对日本的城市体制和日本的大学科层制度等等，也多只是一知半解。所有这些，也许让我们在展开合作时少了些顾虑，却也让我们遇到过一些问题。反思我自己，在这么些年的相互交流中，我不仅希望能从日本的城市学中找到在中国展开本土研究的参照，还希望日本的城市发展历程，以及日本社会和政府应对城市问题的经验，能够成为中国城市发展的“他山之石”。而水内教授，在我的理解中，也抱有相应的期待——他曾希望能深入中国的城市田野，特别是能够与中方学者和学生一起，对中国城市中的流浪者群体展开调查，藉此拓展并深化他在这个领域的学术研究。尽管我们曾作过一些尝试，也收获了不少成果，但最后，不无遗憾的是，水内教授曾经设想的上海流浪者调查并没能付诸实施，中方团队也没能为亚洲团队提供有关中国城市流浪者问题的公共数据或相关的学术信息——事实上，无论是在当初还是在今天的中国，这样的调查研究都不是容易的。另一方面，我在这些年对大阪、东京、首尔，以及香港、台湾等的城市考察中，也深深地意识到，对于当下中国的城市研究而言，作为方法的“亚洲”无疑具有重要的意义，但它的边界也是明显的。探讨城市体制的形成机制和解决城市问题的路径，学者终究需要面对不同国家的体制差异，以及社会转型过程中的复杂局面。

时光荏苒，一转眼，与水内教授的相识已经快 20 年了。当初意气风发的副教授们——包括一起参加中日共同研究的团队成员，今天多已经成了城市研究领域成就斐然的重要学者。我相信，以水内教授的学术志向和价值抱负，荣退只是他丰富的生命历程中的一个驿站。接下来，他必然会迎来更加精彩的人生，也会取得更高的学术成就。

2022 年 12 月 13 日

后　记

本书以社会学实证研究的方法以及方法论为主题，内容主要是我在多年专业教学和研究实践中积累的一些思考。它们曾以论文、学术随笔或“序言”等形式，陆续发表在一些杂志、报纸和我主编的学术类书中。

将这些文字结集的原因之一，是我了解到，有不少年轻的社会学教师今天仍在坚持指导他们的学生从事深入的田野调查。包括我指导的或曾教过课的毕业生，还有如上海交通大学负责指导学生社会实践的老师，他们希望我能提供一些往年社会调查的案例，以及调研方法的讨论，以作参考。

从某种意义上讲，社会学的田野调查，借鉴自人类学的调查方法。但社会学的经验研究，还有社会科学不同专业的实证研究，尤其是质性研究，不仅涉及如何进入田野，怎么观察记录等问题，更涉及如何基于不同的学科专业，形成各自的问题意识；从田野退回到研究室后，如何将田野记录中的各种素材，转化为学科概念，建构成“社会事实”，将其置入社会结构中，并引用不同的理论范式，去加以归纳、分析等的复杂过程。基于这样的考虑，在这本小著中，我不仅介绍了如何进入田野的方法思考，也介绍了自己在研究中如何斟酌概念、反思理论范式的一些实践体会。

书中所列举的一些调查实录和学术著作文本，多是我和我的学生们以及国际国内共同研究团队的学者朋友们的合作成果，我的思考曾汲取了他们给予我的不少启示。需要说明的是，虽然书中前面部分介绍的文本较多集中于多年前的一些案例，但最近十多年来我和学生们一直还在组织一系列主题性的田野调查。只是因为这些年的团队主要由研究生（近年以博士生和一些在沪毕业生为主）组成，团队成员的研究成果多以他们的学位论文或独立发表的论文、学术专著为形式，他们的学术风格和研究方向也更趋多元了。作为导师，我一方面仍希望学生们的实证研究能扎根于田野，另一方面则期待他们能在多年的追踪调查中，在相互的切磋中，每个人都能实践那一种“充当自己的学术研究的主体”的过程，并享受到独自的“发现社会”的知的趣味。而我自己，在他们的研究和讨论中，已经品味到了学术反哺的人生乐事。

本书并不是社会调查方法或社会学方法论的原理介绍，作为学者个体的研究心得，它或许会有一些可供后来人参考的价值，但内中必然存在种种局限甚或谬误，况且社会和学界、学术，也都在变化之中。无论如何，倘若它真能为年轻学者和学子们提供一些借鉴，则幸甚矣。

陈映芳

2023 年 2 月 11 日于上海

图书在版编目(CIP)数据

从田野到理论:社会学札记/陈映芳著.—上海:
上海人民出版社,2023
ISBN 978 - 7 - 208 - 18157 - 1

Ⅰ.①从… Ⅱ.①陈… Ⅲ.①社会学-文集 Ⅳ.
①C91 - 53

中国国家版本馆 CIP 数据核字(2023)第 028058 号

责任编辑 徐晓明
封面设计 周剑峰

从田野到理论
——社会学札记
陈映芳 著

出　　版 上海人民出版社
(201101 上海市闵行区号景路 159 弄 C 座)
发　　行 上海人民出版社发行中心
印　　刷 上海商务联西印刷有限公司
开　　本 635×965 1/16
印　　张 13.5
插　　页 2
字　　数 214,000
版　　次 2023 年 3 月第 1 版
印　　次 2023 年 3 月第 1 次印刷
ISBN 978 - 7 - 208 - 18157 - 1/C・677
定　　价 68.00 元